RECUEIL DE PIECES RELATIVES AUX AFFAIRES DE VENISE

Du 22 Floréal an 5e de la République Française une et indivisible.

A MILAN

Chez Louis Veladini imprimeur dans la rue sainte Radegonde.

Les villes de Bergame, de Brescia se révoltent contre le Sénat de Venise ; Crema et tous les Pays à la droite du Mincio suivent leur exemple ; à Padoue, à Vincence et presque dans toute la Terre-ferme Vénitienne, il y a de la fermentation.

Mais les Inquisiteurs de Venise ont à leurs ordres dix mille Esclavons, le trésor de S.t Marc, les prédicateurs de villages, la semaine sainte, et dès lors 40 ou 50 mille paysans.

Si l'on se bat, il n'y a plus de sûreté pour les hôpitaux, pour les subsistances, pour les transports de l'armée ; si l'on se bat, le sang français ruisselle de tous les côtés, est versé par tous les partis ; si l'on se bat, cette masse fanatisée conduite par les agens les plus scélérats de l'oligarchie, n'épargnera aucune occasion, saisira tous les prétextes pour répandre le trouble.

Le Général en chef sent parfaitement sa position : il n'y a qu'un parti : faire embrasser par le Sénat celui de la conciliation s'en rendre médiateur et finir les troubles de Bergame et de Brescia. Il demande à cet effet une conférence à Monsieur Battaglia provéditeur général de la République de Venise dans ces contrées ; homme d'esprit et particuliérement estimé du Général. (A)

On lui envoye au lieu de Mr. Battaglia, Mr. Pezarro, sage grand de Venise, et l'homme du Sénat qui a le plus de crédit et de réputation. Il se rend à Goritz.

Le Général reste très peu satisfait du caractère et des discours de Mr. Pezarro, homme évidemment faux et dont la tête parait occupée de tout autre projet. Mr. Pezarro laisse entrevoir entr'autres choses le desir qu'on lui restitûat les forts de Porto Legnago et de Véronne. Mais le Général saisissant, au milieu d'un fatras de paroles et de phrases levantines les véritables intentions qui animaient le Gouvernement de Venise, prit par le bras Mr. Pezarro et lui dit ces paroles qui auraient dû faire sur lui une profonde impression : *Il n'y a plus de milieu désormais : si vous prenez le parti des armes, la République de Venise ou l'armee d'Italie est perdue : ainsi songez bien au parti que vous allez prendre ; n'exposez par le Lion valétudinaire de S.t Marc, contre la fortune d'une armée qui trouverait dans ses dépôts et parmi ses blessés de quoi traverser les lagunes.*

L'on convient enfin, non sans de grandes discussions, que le Sénat de Venise demanderait la médiation de la République Française, que tout retournerait dans l'ordre accoutumé, et le Général en chef s'engage à faire rentrer sur le champ Brescia et Bergame dans le devoir et à employer les armes s'il le faut.

Mr. Pezarro reste à Udine le tems nécessaire pour être assuré que l'armée d'Italie, où il envoie plusieurs espions, est tellement enfoncée en Allemagne qu'elle ne peut plus rien contre l'Etat Vénitien ; après quoi il se rend à Venise où tout, plus que jamais, prend la tournure la plus guerriere. La Brenta et l'Adige sont chargée de munitions de guerre et de bouche pour l'entretien de l'armée vénitienne ; 40,000 paysans sont sous les armes et 12,000 esclavons sortent des lagunes et marchent sur le Mincio.

Le Général en chef, après avoir fait traverser le Tyrol par trois de ses divisions, les rapelle brusquement en Carinthie par la vallée de la Drave, tandis que le reste de l'armée a conquis la Styrie et menace directement Vienne.

Le Tyrol découvert, les troupes légères des ennemis pénétrent jusque sur le territoire vénitien : il n'en faut pas d'avantage pour faire croire ces trois *divisions* perdues, l'armée enveloppée, et la victoire toute entière au Prince *Charles*.

Il serait difficile d'exprimer l'yvresse et l'impolitique des Vénitiens ; ils ne gardent plus de mesures et jusque dans Venise même, maltraitent, chassent, assassinent les Français.

Cependant le Général en chef, tandis qu'il donne l'ordre aux divisions du Tyrol de venir le joindre, sentant l'effet que cela peut faire sur les Vénitiens, leur envoie son Aide-de-camp chef de brigade, avec une lettre pleine de reproches et de menaces. (voyez B)

Mais le sort en est jetté; le mal est sans remède; la force seule peut rétablir les communications de l'armée, ramener l'ordre, désarmer cette nuée de paysans, et punir les assassins.

Les combats de Chiari, de Dezensano, de Valeggio, de Véronne, la marche de la division du Général Victor qui venait d'arriver de Rome, tout détruit cette trame perfide, et ne laisse au Sénat de Venise que la crainte du châtiment, l'impression de sa faiblesse, et le mépris bien mérité du monde entier.

L'on trouvera

1. Dans le rapport du Général Balland (voyez D),

2. Dans le rapport du Général Kilmaine (voyez E),

et 3. Dans le procès verbal (voyez F) dressé par le Consul de la République de Venise à bord du Lougre, le Libérateur de l'Italie; les détails des événemens incroyables, par leur barbarie et leur férocité, s'ils ne venaient de se passer sous nous yeux et si l'on ne connaissait de quoi est capable un gouvernement fondé sur l'inquisition et les crimes les plus obscurs et les plus vils ; si l'on ne savait pas que ce gouvernement venait de défendre que l'on pèchât dans le canal patrimoine des Inquisiteurs, exclusivement voué a y cacher les crimes de leur inquiette politique.

La République Française fera un exemple terrible du Sénat de Venise : puisse-t-il servir aux Princes et aux Gouvernemens pour qui l'honneur, l'humanité et la bonne foi ne sont que de vains noms : puisse-t-il contenir les Gouvernemens Italiens qui dans les siécles futur voudroyent imiter les Vêpres Siciliennes ou les Pasques de Véronne.

(A)

République Française.

Liberté. *Egalité.*

Au Quartier-gén. de Conegliano le 24 Ventôse
an 5 de la République Française
une et indivisible.

BONAPARTE
Général en Chef de l'Armée d'Italie

A Mr. Battaglia Provéditeur général
de la République de Venise
à Véronne.

Monsieur.

J'ai été doulonreusement affecté d'apprendre que la tranquillité publique soit troublée à Brescia. J'espère que moyennant la sagesse des mesures que vous prendrez il n'y aura pas de sang répandu. Vous savez que dans la position actuelle des esprits en Europe les persécutions ne feraient qu'accroitre les mécontents contre les gouvernements.

Dans la plupart des villes de l'état vénitien il y a des personnes qui montrent à chaque instant leur partialité pour les Autrichiens et qui ne cessent de maudire et de se montrer tres indisposés contre les Français. Quelques uns, mais en petit nombre, paraissent préférer les mœurs et l'affabilité naturelle des Français à la rudesse des Allemands ; il serait injuste de punir ces derniers et de leur faire un crime de leur partialité que l'on ne trouve pas mauvaise en faveur des Allemands.

Le Sénat de Venise ne peut avoir aucun espèce d'inquiétude, devant être bien persuadé de la loyauté du gouvernement français, et du desir que nous avons de continuer de vivre en bonne amitié avec votre République. Mais je ne voudrais pas que sous prétexte de conspiration l'on jettât sous les plombs du palais St. Marc tous ceux qui ne seraient pas ennemis déclarés de l'armée française, et qui nous auraient dans le cours de cette campagne rendu quelque service.

Désirant pouvoir contribuer à rétablir la tranquillité et ôter toute espèce de défiance entre les deux Républiques, je vous prie, Monsieur, de me faire connaitre le lieu et le jour où je pourrai avoir l'honneur de vous voir, et de croire aux sentimens d'estime et de considération distinguée. &c.

(B)

Au Quartier-général de Judenbourg le 20 Germinal an 5 de la République une et indivisible.

BONAPARTE
Général en Chef de l'Armée d'Italie

Au Sérénissime Doge de la République de Venise.

Toute la Terre-ferme de la Sérénissime République de Venise est en armes. De tous côtés les cris de ralliement des paysans que vous avez armés et soulevés est, *mort aux Français*. Plusieurs centaines de soldats de l'armée d'Italie en ont déja été la victime. Vous désavouez vainement des rassemblemens que vous avez organisés; croyez-vous que dans un moment ou je suis au cœur de l'Allemagne, je suis impuissant pour faire respecter le premier peuple de l'univers; ou croyez-vous que les légions d'Italie souffriront le massacre que vous excitez? Le sang de mes frères d'armes sera vengé, et il n'est aucun des bataillons français, qui chargé d'un si auguste ministère ne sente redobier son courage et tripler ses moyens. Le Sénat de Venise a répondu par la perfidie la plus noire aux procédés généreux que nous avons toujours eus pour lui.

Je vous envoye mon Aide-de-camp chef de brigade, pour être porteur de la présente lettre. *La guerre ou la paix* Si vous ne prenez pas sur le champ les moyens pour dissiper les rassemblemens, si vous ne faites pas arrêter et livrer en mes mains les auteurs des assassinats qui viennent de se commettre, la guerre est déclarée ..... Le Turc n'est pas sur vos frontieres, aucun ennemi ne vous menace, vous avez fait à dessein naitre des prétestes pour avoir l'air de justifier un rassemblement dirigé contre l'armée, il sera dissipé dans vingt-quatre heures; nous ne sommes plus au tems de Charles huit .....

Si contre le vœu bien manifesté du gouvernement français vous me reduisez au parti de faire la guerre, ne pensez pas cependant qu'à l'exemple des brigands que vous avez armés, les soldats français ravagent les campagnes du peuple innocent et infortuné de la Terre ferme. Je le protégerai, et il bénira un jour, jusqu'aux crimes qui auront obligé l'armée française à le soustraire à votre gouvernement tyrannique.

Signé BONAPARTE.

Pour copie conforme
L'Adjudant Général
LECLERC.

(C)

Judinbourg 20 Germinal.

Au Cit. L'ALLEMENT Ministre de la République Française à Venise.

Enfin nous n'en pouvons plus douter, Citoyen Ministre, le but de l'armement des Vénitiens est de couper les derrières de l'armée française. Certes il m'était difficile de concevoir comment Bergame qui de toutes les villes des états de Venise est celle qui eut été le plus aveuglement à la disposition du Sénat ait été la première à s'ameuter contre lui; il est plus difficile de concevoir comment pour cette légère émeute on a besoin de 25,000 hommes, et pourquoi Mr. Pezarro lors de nos conférences à Goriscia a-t-il refusé l'offre que je lui faisais de ma médiation pour faire rentrer les places dans l'ordre.

Tous les procès verbaux qui ont été faits par les différents Provéditeurs de Brescia, de Bergame et de Crema où ils attribuent l'insurrection de ces pays aux Français, sont une série d'impostures dont le but serait inexplicable, si ce n'était un moyen de masquer aux yeux de l'Europe la perfidie la plus atroce.

On a habillement profitté du tems où l'on pensait que j'étais enfoncé dans les défilés de la Carinthie ayant en tête l'armée du Prince Charles, pour faire éclater une perfidie sans exemple si l'histoire ne nous avait tracé celle qui fut dirigée contre Charles huit, et les vèpres siciliennes. On a été plus habile que Rome, en saisissant un moment où l'armée était plus occupée, mais sera-t-on plus heureux? Le génie de la République Française qui a lutté contre l'Empereur, serait-il venu échouer dans les lagunes ?

1. Un vaisseau de guerre vénitien a attaqué et maltraité la frégate la *Brune* et pris sous sa protection un convoi autrichien.

2. *La maison du Consul de Zante* a' été brulée. Le Gouvernement Vénitien a vu avec plaisir insulter l'Agent de la République Française.

3. 10,000 paysans vénitiens armés et soudoyés par ordre du Sénat ont assassiné plus de 50 Français sur la route de Bergame à Milan.

4. Les villes de Véronne, Trevise, Padoue sont pleines de troupes ; on s'arme de tous côtés contre ce que m'avait promis Mr. Pezarro.

5. Tout homme qui a prêté assistance à la France est arrêté et emprisonné ; les Agens de l'Empereur sont fêtés et à la tête des assassinats.

6. Le cri de ralliement de tous côtés est *mort aux Français*, de tous côtés les prédicateurs qui ne prêchent que ce que veut le Sénat font retentir lâchement des cris de fureur contre la France.

Nous sommes donc dans le fait en état de guerre avec la République de Venise qui le *sait si* bien, qu'elle ne trouve d'autre moyen pour se masquer que de désavouer en apparence des paysans qu'elle a armés et soldés.

En conséquence vous demanderez au Sénat de Venise une explication cathégorique si nous sommes en guerre ou en paix ; dans le premier cas vous quitterez sur le champ Venise, dans le second vous exigerez,

1. Que tous les hommes arrêtés sous prétexte d'être partisans des Français soient mis en liberté.

2. Que toutes les troupes, hors les garnisons ordinaires qui étaient il y a un mois dans les places de la Terre-ferme soient rapellées, et évacuent la Terre-ferme.

3. Que tous les paysans soient désarmés comme ils l'étaient il y a un mois.

4. Que le Sénat prenne des mesures pour maintenir la tranquillité de la Terre-ferme et ne concentre pas sa sollicitude dans les lagunes.

5. Quant aux troubles de Bergame et de Brescia, j'offre comme je l'ai déja fait à Mr. Pezarro la médiation de la République Française pour tout faire rentrer dans l'état habituel.

6. Que les auteurs de l'*incendie* de la maison du Consul de Zante, soient punis, et sa maison rebâtie aux frais de *la* République de Venise.

7. Que le *Capitaine* de *vaisseau qui* a tiré sur la frégate la Brune soit puni, et que la valeur du convoi que contre la neutralité il a protégé, soit remboursé.

Signé BONAPARTE.

Pour copie conforme
L'Adjudant-général LECLERC.

(D)

Vêpres Siciliennes.	Pâsque de Véronne.
Liberté.	*Egalité.*
Armée d'Italie.	Division de l'Adige.

Au Quartier-général de Véronne le 8 Floréal de l'an 5 de la République Française une et indivisible.

Le Général Divisionnaire BALLAND.

RAPPORT des évènements qui se sont passés à Véronne, depuis le 28 Germinal jusqu'au 7 Floréal inclusivement.

Le soulévement, qui a éclaté à Véronne le 28 Germinal, couvait depuis long tems. Le Général Balland en était instruit, et il a tout fait pour le prévenir.

Toutes les démarches qu'il a faites auprès de MM. Giovanelli provéditeur et Cantarini gouverneur, ont été inutiles. Ils attribuaient la fermentation du pays à l'attachement du peuple pour son Prince, qu'il voulait défendre contre les rebelles Brescians, et protestaient sans cesse de leur respect pour le droit des gens et la foi des traités, ainsi que de leur désir de maintenir la bonne harmonie entre les deux nations. Cependant chaque jour était marqué par de nouveaux attentats. *Les paysans sont tous armés, la plupart avec des armes françaises et autrichiennes ; un Comité directeur d'insurrection est formé dans la ville. Des nobles des prêtres parcourent les campagnes, et prêchent les habitans contre les jacobins, terme convenu pour désigner les Français, et ceux que l'on suppose leurs amis ; dans la ville on fait des proclamations dans le même but. Les habitans des campagnes et des villes sont exaspérés contre les Français. Les Français isolés sont partout insultés, provoqués, menacés, pillés ou assassinés. Le Comité directeur entretient des intelligences avec l'armée autrichienne du Tyrol.*

Tous les hommes isolés de la colonne française qui évacue le Trentin, sont assassinés par les paysans vénitiens qui se joignent à l'ennemi. Une foule de Tyroliens viennent s'établir dans la Vallée-Sabia, et se réunissent aux habitans qui les ont appellés; les bruits les plus allarmans sont répandus sur le compte de l'armée française. Le peuple est hautement invité à profiter de la circonstance pour achever d'exterminer des brigands, qui après avoir dévasté leur pays, où il ne leur reste plus rien, viennent ravager les pays étrangers. On parle de reprendre les forts. Des officiers sont envoyés pour les reconnaitre. Les paysans sont fanatisés et prévenus de se réunir au son du tocsin. Le Général Balland prend alors le parti de se retirer à la citadelle, il prévient le Général en chef et le Général Kilmaine de ce qui se passe, et prend toutes les mesures de précautions qu'exigent les circonstances.

Il déclare à MM. les Provéditeur et Gouverneur qu'il veut épargner aux Véronais un grand crime, que dans la ferme intention de faire respecter les droits de sa neutralité et de l'hospitalité, il attendra qu'on les viole ouvertement et publiquement à l'égard des Français, avant de repousser la violence par la force, et que le Gouvernement véronais sera responsable des événemens, s'il ne prend les mesures qui sont en son pouvoir, pour les prévenir ; il leur fait faire en même tems un exposé de ses griefs. MM. les Provéditeur et Gouverneur font comme à leur ordinaire *les protestations* les plus amicales, promettent tout, et ne tiennent rien. Le Comité directeur *ajourne* ses projets. Il arrive en ville cinq cents esclavons, on y lève un corps de volontaires, *tous les habitans supposés amis des Français* sont arrêtés, deux fois on viole les postes français. On en prévient *le Gouvernement*, il promet satisfaction, et ne répare aucun attentat ; *dans le même tems* la garnison de St. Martin est insultée et menacée, elle n'est sauvée que parceque le magistrat et les habitans du village se déclarent en sa faveur ; à Lonato le pain de l'hôpital est volé, les malades sont trois jours ainsi que la garnison sans vivres, les paysans volent et assassinent ceux qu'ils appellent les amis des Français, et mettent le feu à leurs maisons. A Villa-franca les paysans assassinent plusieurs Français, et ten-

tent d'enlever un convoi d'artillerie; à Pescantina des barques chargées de vivres sont pillées, cinq malades et un volontaire sont assassinés; le Général Montenari fait prévenir le Général Balland qu'il est italien, qu'il se vengera des Français, et qu'il sera maitre des forts, quand il voudra, qu'il l'eut déja été s'il l'avait voulu.

On a fait connaitre dans le tems tous ces faits au Provéditeur.

Toutes les mesures de précautions ont été employées pour prévenir les événemens désastreux qui ont eu lieu; le rapport qu'on va lire, prouvera également que tous les moyens de pacification, ont été épuisés pour les faire cesser, moyens qui auraient du réussir, si le gouvernement n'avait eu un systême diamétralement opposé; que les Français ont porté jusqu'à l'excès la modération et la générosité, et qu'ils ont forcé les Vénitiens dans les derniers retranchemens de leur perfidie, avec la même supériorité de caractere qu'ils les ont confondus dans leurs folles attaques.

Récit historique des événements qui se sont passées à Véronne le 28 &c.

Le vingt huit Germinal avant midi un paysan à tiré un coup de fusil sur le fort de St. Félix, il a été arrêté avec deux autres; des Français venant de Castel-novo ont été couchés en joue sur la route, arrêtés, questionnés, et conduits de poste en poste. Des rassemblemens de paysans armés se sont formés autour de la ville, le Provéditeur a annoncé au Général Balland que le Gouvernement Vénitien avait envoyé deux Députés au Général Bonaparte pour s'arranger sur l'objet de l'armement des paysans; il a demandé que le désarmement fut suspendu jusqu'à la décision du Général en chef. Le Général Balland à répondu qu'il ferait maintenir la neutralité, mais qu'il fallait que les communications fussent libres, que les Français qui passent fussent respectés, et que ses ordonnances ne fussent pas arrêtés. Vers les trois heures après midi il est rentré un détachement venant de Peschiera; ce détachement qui avait été escorter un convoi, à été ramené, par des troupes vénitiennes, insulté et menacé par les chefs, d'être désarmé et fusillé. A cette nouvelle, le Général Balland a écrit une lettre au Provéditeur, pour lui déclarer qu'à la première plainte de cette nature il ferait feu sur la ville, puisqu'il ne lui restait plus d'autre moyen de se faire respecter. Il a demandé sous la même condition que l'on fit sur le champ sortir les paysans armés introduits dans la ville. La lettre était prête, et le Chef de brigade Beaupoil allait la porter, quand des Français accourus de *la ville*, ont annoncé qu'ils étaient poursuivis, et que l'on assassinait les Français dans la ville; *il* y en avait parmi eux de blessés. *Le* signal du massacre des Français a commencé par des coups de sifflet, puis *le* tocsin a sonné, des coups de poignard ont été donnés, et on a entendu des coups de fusil. Le Général Balland a donné l'ordre aux troupes de se porter *sur* les remparts, et aux canonniers de se rendre à leurs pieces, tant dans le fort St. Félix que dans le fort St. Pierre. Un Chef de bataillon de la légion lombarde est rentré blessé avec un autre Chef de bataillon et des officiers qui ont été attaqués poursuivis, et témoins de l'assassinat de plusieurs Français. Alors comme il ne restait plus de doute que c'était le prélude du massacre général des Français, projetté et annoncé depuis long tems, et que l'on entendait les coups de fusils et les hurlemens féroces des assassins, le Général a ordonné que les canoniers fissent feu. Il était alors cinq heures. Les Français dispersés dans *la ville* se sont réfugiés dans les forts. Plusieurs dans l'intervalle ont été massacrés. Les forts St. *Félix*, *St. Pierre* et *le* vieux château ont tonné sur la ville, et les postes placés aux portes ont fusillé au bout de quelques heures. Le drapeau blanc a été arboré, et le feu a cessé. Un parlementaire est *venu* au fort St. Félix; le Chef de brigade Beaupoil, l'Aide-de-camp Mazurier et d'autres officiers se sont rendus avec le Parlementaire chez le Gouverneur pour convenir d'un arrangement. Sur les dix heures un de ces officiers est rentré à la citadelle, il a été reconduit par trois nobles vénitiens, il était désarmé et portait le chapeau du Gouverneur. Les Parlementaires français ont couru les plus grands dangers, tant pour se rendre au Gouvernement que dans le Gouvernement même. Ils ont été insultés, menacés, désarmés et même volés. Les fusils ont été dirigés et les poignards levés sur leur tête quoiqu'ils accompagnassent les Parlementaires vénitiens qui portaient le drapeau blanc. Les paysans continuant à tirer sur le vieux-château, le fort a fait feu toute la nuit; le Citoyen Carrere commandant de la place s'y était retiré. Le Chef de bataillon Martin a été blessé en s'y rendant, ainsi que plusieurs autres militaires, par le feu des maisons voisines du château.

Le vingt neuf Germinal à deux heures après minuit sont rentrés les Citoyens Beaupoil et Mazurier avec l'officier resté avec eux. Pendant les sept heures qu'ils ont demeuré au Gouvernement, ils ont été exposés à toutes les ruses et perfidies de la politique vénitienne, et aux excès d'une populace furieuse qui semblait ameutée exprès, et qui rugissait pour avoir sa proye. Ils ont montré dans ces circonstances un grand caractère. On a été frappé de la magnanimité française, et forcé de la respecter. Le Chef de brigade Beaupoil s'est comporté dans la mission délicate et périlleuse, dont il était chargé, avec toute la prudence qu'exigeaient les circonstances et la dignité qui convenait au nom français. Une foule de Français avec leurs femmes et leurs enfans sont réunis au palais du Gouvernement et détenus. *Ils sont* sous le coup de la vengeance populaire qui menace leur tête. Le Citoyen Beaupoil a déclaré que plusieurs Vénitiens et militaires des troupes réglées, mais principalement le Général de Nogarola, ont *sauvé* un grand nombre de Français. Les officiers français étaient accompagnés des Parlementaires vénitiens auxquels il a été remis une lettre du Général pour MM. le Provéditeur et Gouverneur, par laquelle il demande :

1. Qu'il lui soit donné six ôtages à son choix ;

2. Le désarmement des bourgeois ;

3. Le rétablissement des communications ;

4. La réparation authentique des assassinats, commis depuis huit jours, nommément dans la journée d'hier.

L'acquiescement aux demandes a été exigé pour sept heures du matin.

A six heures du matin il est arrivé trois autres Parlementaires pour représenter l'impossibilité où était le Gouvernement de remplir les conditions et pour y demander des modifications. Ils ont apporté en même tems une lettre de plusieurs Français prisonniers au palais du Gouverneur, la plupart avec leurs femmes et leurs enfans, qui près d'être immolés à la vengeance populaire, malgré les soins que les volontaires véronnais et le Gouvernement mettent à les protéger, conjurent le Général, au nom de plus de neuf cents de leurs camarades, au nom des *malades et des blessés des hôpitaux*, qui partagent leur sort, au nom de l'humanité, de vouloir bien faire cesser les hostilités. Le Général ayant eu pour première vue en faisant tirer le canon de faire suspendre le massacre des Français et de leur donner le signal de pourvoir à leur sûreté, considérant qu'il était plus utile de temporiser pour epargner l'effusion du sang, pour ne pas confondre les innocents avec les coupables, et pour s'assurer une réparation juste et complette des attentats commis, a consenti que les ôtages seraient au choix du

Gouverneur, qui ne pourrait les choisir que dans l'ordre de la noblesse et du clergé ; il a été ajouté que les paysans seraient sur le champ renvoyés à leur domicile, désarmés ; que le Gouvernement ferait cesser les hostilités, et que les communications seraient rétablies. On a accordé trois heures pour l'arrivée des ôtages au fort St. Félix. Cependant le feu continue toujours du côté du vieux-château. Les habitans et les paysans placés dans les maisons voisines et autres, ne cessent de tirer sur le château, qui est obligé de faire feu de son côté.

Il arrive une ordonnance, expédiée par le Commandant de Vicenze, qui annonce que les ennemis sont à Bassano, et qui demande du secours ; le Général lui répond qu'il ne peut lui en envoyer, et lui conseille, si la chose se confirme, et que l'on marche sur lui, de faire sa retraite sur Legnago, après avoir remis ses magasins en compte aux Magistrats, sous récépissé et sur leur responsabilité.

On écrit au Provéditeur et au Podesta de faire cesser le feu du côté du vieux-château, comme il en avait été convenu avec les Parlementaires, et au Commandant du vieux-château de cesser le feu quand les Véronnais cesseront le leur.

Trois Parlementaires arrivent sur les dix heures. Dans le moment, des paysans tirent sur le fort St. Félix, un volontaire est blessé; le Général déclare aux Parlementaires qu'il ne peut croire à leurs protestations d'après ce qui se passe sous leurs yeux. Ils le conjurent de vouloir bien suspendre un moment le feu, et qu'ils allaient faire cesser celui des paysans. On défend de tirer; un officier qui va en porter l'ordre, est blessé à mort; on fait sortir un des Parlementaires par la porte du secours, il va trouver les paysans, et ils cessent de tirer. Les Parlementaires tâchent d'obtenir encore des changemens aux conditions, en représentant l'impossibilité où est le Gouvernement de les exécuter, n'étant plus le maître du peuple. Ils demandent en grace au moins un délai de trois heures. Le délai leur est encore accordé, à la condition que les Français détenus en ville soient conduits dans les forts.

A onze heures arrive un officier autrichien ; il est chargé par Mr. le Comte de Niepperg, parlementaire envoyé par le Général Laudon, d'annoncer l'armistice entre les armées française et imperiale.

A une heure après-midi arrivent trois officiers vénitiens en parlementaires ; ils annoncent que le Provéditeur et le Podesta sont absens ou cachés, et qu'il n'existe plus de Gouvernement ; que le peuple est aveuglé par la fureur, et ne peut se contenir. Le Général leur déclare que puisqu'il n'existe plus de Gouvernement il ne peut traiter qu'avec le peuple, et qu'il faut qu'on lui envoye une députation légale au nom du peuple. Sur le reproche fait aux Parlementaires qu'ils n'ont pas fait cesser le feu du côté du vieux-château, ils se permettent d'avancer qu'ils n'ont pu pénétrer à ce château, et que les Français ont tiré sur le Parlementaire, porteur d'un drapeau blanc, qui y était envoyé. Le Général leur a répondu qu'une pareille perfidie n'est digne que des Vénitiens, et que le fait est faux, parceque les Français n'en sont pas capables. Les Parlementaires implorent alors la générosité française, ils s'engagent à ramener eux-mêmes la tranquillité, ils réuniront les bons Citoyens, iront à cheval parcourir toutes les rues pour détromper le peuple, et l'appaiser si le Général veut bien y consentir, ne point faire tirer les forts St. Félix et St. Pierre, et faire cesser le feu du vieux château. Le Général constant dans le plan qu'il s'est formé, quoiqu'il fut assez convaincu par l'expérience de la mauvaise foi des Véronnais, et qu'il pénétrât leurs vues secrettes, a consenti encore à la proposition des Parlementaires, sous la nouvelle condition que les premiers ôtages demandés seraient ceux qui seraient envoyés à la citadelle, et que de plus on enverrait du pain frais au vieux château. Il a été écrit en conséquence au Commandant du vieux-château, et les Parlementaires chargés de la lettre se sont retirés en promettant satisfaction.

Monsieur le Comte de Neipperg arrive à la citadelle. Il convient avec le Général de la fixation des limites respectives, et de l'état des conditions particulières. Un officier autrichien est envoyé au Général Chevalier pour le prévenir de l'armistice.

On profitte de cette occasion pour faire connaître au Général Chevalier qui commande à Castel-nuovo, ce qui se passe, et l'inviter à *en* faire part au Général Kilmaine ; on a su de la bouche de Mr. *le* Parlementaire Comte de Neipperg, que la garnison française de la Chiusa avait été attaquée par les paysans vénitiens, et massacrée impitoyablement, avant *même* que les hostilités *eussent* commencé en ville ; lui même a été sollicité de prendre part avec les Vénitiens, et sur ce qu'il a dit que cela ne le regardait pas, il a pensé en être la victime.

On a apperçu vers les quatre heures des troupes sur la route de Vicenze près St. Michel ; on a cru que c'était un bataillon de la légion lombarde qui arrivait. Le feu a diminué par degrés du côté du vieux-château. Vers les cinq heures on n'a plus entendu que quelques coups de fusil de loin en loin. Il a été rapporté que les hôpitaux avaient été respectés et qu'on avait eu soin des malades, et que les sbirres dans la journée d'hier ont été les premiers à commencer les hostilités ; il y avait des paysans déguisés introduits dans la ville, depuis plusieurs jours nourris chez les habitans, et payés à vingt sous par jour ; les paysans et les Véronnais réunis sous les armes, tant dans la ville que sous les murs, doivent être au nombre de quarante mille. On s'est apperçu qu'ils avaient des piéces de canon, soit qu'ils en eussent reçus, soit qu'il y en eût de cachées dans la ville, ou qu'ils fussent parvenus à se servir des piéces enclouées sur le rempart dès le 21, et qui n'avaient pu être transportées dans les forts.

Le 30 Germinal on a reçu à sept heures du matin des nouvelles du Général Chevalier, par le retour de l'officier autrichien ; le Général Balland a remis une lettre avec une copie du traité d'armistice à Mr. le Comte de Neipperg, pour les faire passer au Commandant de Bassano, de Vicenze, ou du 1er poste français dans cette partie. Il réclame la liberté du Commandant de Bassano, au cas qu'il eut été fait prisonnier. Mr. le Comte de Neipperg a dit que cela ne ferait pas de difficulté, et qu'il en parlerait au Général Laudon. Il est ensuite parti.

A neuf heures sont arrivés des Messieurs de Véronne. Ils ont annoncé qu'ils venaient traiter au nom de la ville ; on leur à demandé leurs pouvoirs, ils n'en avaient pas. Le Général Balland a cependant bien voulu les écouter. Ils ont tenu un language bien différent des leurs prédécesseurs, ils se sont engagés à rétablir la tranquillité publique, à faire sortir les paysans ; mais, sans qu'ils fussent désarmés ; à faire respecter les Français, mais sans donner des ôtages, sans s' engager à réparer les attentats commis, à la condition que le Général fit cesser toutes les hostilités, qu'il garantit que les Brescians n'entreraient pas en ville, que le désarmement fût suspendu jusqu'à la décision du Général Bonaparte ; et que le voile fût jetté sur tout ce qui s'était passé.

Ils ont observé qu'ils avaient des prisonniers qui répondraient de la conduite des Généraux Français, que le Peuple Véronnais s' était mis sur un pied de guerre respectable, qu'il n'avait pas encore reçu d'échec, et qu'il était prêt à mourir pour le maintien de son gouvernement ; enfin qu'il voulait traiter définitivement sans pouvoir être recherché de la part du Général

Bonaparte. Le Général Balland a bien vu que l'on prenait sa modération pour faiblesse ; mais pour épargner le sang il a voulu porter jusqu'à l'excès la générosité française. Il leur a observé que la République Française n'était point en guerre avec la République de Venise, que les affaires des Bresscians lui étaient étrangères, que la ville de Véronne ne pouvait considérer comme prisonniers, des Français que le Gouvernement avait déclaré et assuré n'avoir fait arrêter et réunir que pour les sauver du massacre; que tout l'objet d'un arrangement se réduisait à réparer les attentats commis, et à donner une garantie, qu'ils ne se renouvelleraient plus ; qu'il était prêt a faire cesser les hostilités de son côté, pourvû que les habitans s'y prêtassent ; qu'il s'engageait à faire respecter les personnes et les propriétés, et à empêcher tout acte arbitraire ou illégal de la part des Français, mais qu'il ne pouvait ni ne devait rien stipuler de contraire aux mesures ultérieures qu'il était naturel de présumer que prendrait le Général Bonaparte pour obtenir une juste satisfaction des attentats commis par les

Véronnais ; qu'enfin leurs propositions étaient absurdes, et qu'il ne devait plus les écouter, parcequ'ils étaient de mauvaise foi. Il leur a encore observé que dans le moment même ou il parlait, les Véronnais attaquaient de vive force le vieux-château, et qu'il a fait aussi faire feu puisqu'on agissait toujours hostilement, tout en protestant les dispositions les plus pacifiques. MM. les Parlementaires ont alors modéré leurs prétentions, ils ont proposé des tempéraments, et le Général Balland à été jusqu'à donner sa parole de ne laisser entrer en ville ni Brescians ni nouvelles troupes françaises jusqu'à la décision du Général en chef. Un des Parlementaires s'étant permis des propos insultants, au moment ou l'on discutait les articles de l'arrangement, et que l'on en prenait note, le Général qui a vu que l'on ne cherchait qu'à abuser de sa patience, a prié ces Messieurs, du ton qui leur convenait, de se retirer. A ces mots leur orgueil est tombé, ils ont prié, supplié ; ils ont déclaré qu'ils allaient faire cesser le feu du côté du vieux-château, et rapporter les propositions les plus satisfaisantes. L'un d'eux Mr. le

Comte de Nogarola, qui leur avait servi d'interprête, voyant que l'on ne pouvait pas s'arranger, a demandé à demeurer à la citadelle, et y est resté; le Général Balland, espérant que la phrénésie de la vengeance pourrait enfin céder aux conseils de la politique, de la raison, et à la considération de l'intérêt général et particulier, leur a dit qu'il voulait bien encore donner aux Véronnais une nouvelle preuve du désir qu'il avait de les sauver malgré eux de l'abyme, où ils cherchaient à se précipiter, que MM. les Parlementaires n'avaient qu'à faire cesser le feu du côté du vieux-château, et qu'alors il pourrait croire à des dispositions pacifiques, mais qu'il fallait que le feu cessat ou fut rallenti sensiblement dans une heure.

Au bout d'une heure on est venu rapporter que le feu était plus violent que jamais du côté du vieux-château, et que les Véronnais tiraient dessus à coups de canon. On s'apperçoit qu'ils établissent des batteries sur différents points. A la hauteur qui domine le fort St. Félix, des paysans rassemblés en foule, travaillent à faire des retranchemens. Ils tirent de tems en tems quelques coups de fusil. Le Général considérant l'affectation et l'acharnement que mettent les Véronnais à attaquer le vieux-château, a jugé nécessaire de leur faire diversion. Il a ordonné le feu, et des coups de canon ont été tirés des forts St. Félix et St. Pierre; un officier est blessé au fort St. Félix par les paysans qui tiraillent de tems en tems. Il arrive un Chirurgien vénitien, envoyé par le Capitaine des dragons Vanini, qui en avait été prié par le Commandant Beaupoil.

Vers les trois heures après midi on apperçoit des troupes sur la route de Peschiera. Bientôt l'on reconnait que ce sont des Français; on présume que c'est la colonne du Général Chevalier. Elle s'avance; un détachement d'artillerie légère tire un coup de canon. Le fort St. Félix y répond en forme de reconnaissance, on se tiraille sur la route de Peschiera, et du côté du vieux-château des coups de canon sont tirés. Les batteries des forts St. Félix et St. Pierre font feu un moment, on lance quelques bombes. A huit heures on apperçoit des feux sur la route de Peschiera, on présume que ce sont des feux de bivouac, et qu'ils proviennent du Général Chevalier, le tocsin sonne dans les campagnes voisines, on a tiré toute la nuit, le feu a pris à quelques maisons.

Le premier Floréal on n'apperçoit plus le matin la colonne française sur la route de Peschiera, le vieux-château est violemment attaqué, et fait feu. Les forts St. Félix et St. Pierre canonnent de leur côté; vers les huit à neuf heures on croit que la colonne du Général Chevalier paroit sur la route de Trente. Un seul volontaire qui sort, chasse plusieurs paysans. Des hommes postés dans des maisons voisines et sur les hauteurs faisant continuellement feu sur les forts, on fait sortir vers le midi un détachement qui brule deux maisons, et tue quelques paysans et soldats qui y étaient. On reconnait que la plupart des maisons environnantes de la ville sont autant de postes occuppés par les Véronnais qui y sont cachés. A deux heures après midi Mr. le Comte de Nogarola écrit en ville par le moyen d'un paysan du jardin de l'Evèque pour inviter les Magistrats, ou ceux qui en font les fonctions, à s'empresser de faire des arrangemens, en profitant de la générosité française; à trois heures on se bat sur les routes de Peschiera et de Mantoue. C'est l'armée française qui est aux prises, à ce que l'on présume, avec l'armée vénitienne du Mincio. Le feu est à deux villages. Des maisons *brulent auprès* du vieux-château. Des Cavaliers vénitiens fuient sur la route de Peschiera et entrent à Véronne, une colonne française parait monter l'Adige et aller du côté de Bussolengo, suivant les indications qu'offrent des maisons incendiées. On présume qu'elle va passer la riviere à Pescentina et venir sur Véronne par le chemin de Trente. Pendant la journée on a entendu le tocsin sonner par intervalles.

Le deux Floréal Mr. le Comte de Nogarola part à 7 heures du matin, il va tâcher de ramener le peuple de son égarement, faire cesser les hostilités, et inviter les Chefs à capituler. La fusillade et la canonade se font entendre de tems en tems; à midi passé arrive un Parlementaire qui porte une lettre de Mr. de Nogarola, il dit que le

Commandant Carrère ne veut pas se prêter à faire cesser les hostilités sans un ordre du Général ; la lettre de Mr. le Comte de Nogarola n'étant pas autorisée par le Gouvernement ou ceux qui le remplacent ; le Général lui écrit qu'il ne peut y répondre ; on apperçoit de l'infanterie et de la cavalerie stationnées à gauche de la route de Peschiera. On fait une sortie à une heure après midi ; un paysan, espéce de mendiant, qui faisait le tour de la citadelle, est arrêté. A deux heures arrive en Parlementaire un officier du corps des volontaires véronnais ; il apporte une lettre du Général Landrieux qui annonce qu'il est aussi en pourparler avec le Gouvernement ; qu'il se méfie de toutes ces conférences, et qu'il ne consentira à rien ; à moins d'un désarmement préalable. Il ajoute que les Généraux Lahoz et Chabran sont arrivés, et que les Généraux Victor et Baraguey d'Hilliers sont en marche. Le Général répond qu'il attendra l'issue des négociations du Général Landrieux. La lettre est remise au Parlementaire. On a su de lui que la proclamation rapportée avoit été faite pour ordonner aux

Citoyens de Véronne qui avaient réfugié des Français de les livrer au Gouvernement ; avait effectivement eu lieu. On reçoit une lettre de MM. les Provéditeur et Podesta, qui demandent la suspension des hostilités ; le Général leur répond qu'ils fassent cesser les hostilités de leur côté, et qu'il les fera cesser du sien, que ce n'est pas lui qui les a commencées. Un détachement sort, il met le feu à deux maisons, d'où l'on tirait sur le Fort, repousse les paysans rassemblés sur les hauteurs et amène en rentrant des bœufs et des moutons ; trois volontaires ont été tués ; le Commandant du fort St. Pierre écrit à quatre heures qu'un homme vient de paraitre sur le pont ; il a crié que tout Véronne était Français et allait déposer les armes ; on apprend en même tems qu'un autre homme s'etait joint au premier portant le chapeau en l'air et la crosse du fusil en haut ; mais qu'aussitôt ils avaient été fusillés par le poste vénitien ; l'un d'eux s'est sauvé, l'autre a été tué ; des Cavaliers vénitiens rentrent en fuyant par la porte St. George. Ils sont poursuivis par nos trouppes. A six heures un détachement français d'environ cent hommes est sur les hauteurs ; il disperse les paysans et arrive sous les murs de la citadelle où il bivouaque. Le Capitaine Commandant est introduit à la citadelle, il annonce qu'il est de la colonne du Général Lahoz ; elle a passé l'Adige à Pescentina, où elle a été forcée de mettre le feu au village pour pouvoir avancer. Elle est actuellement auprès de la porte St. George, après s'être emparée de la batterie vénitienne au couchant de la citadelle ; elle a aussi délivré une partie de la garnison de la Chiusa qui était prisonnière. Le feu a duré toute la nuit. Le vieux-château est toujours attaqué vivement et se défend de même ; il a fait plusieures sorties et a mis le feu à quelques maisons où étaient postés les Véronnais.

Le trois Floréal le Général Lahoz arrive le matin à la citadelle ; le Général Balland convient avec lui des moyens de faire passer des vivres au vieux-château. La colonne Lahoz y enverra tout le biscuit qu'elle a. Le Général Chevalier arrive à trois heures après midi ; il apprend que des officiers du vieux-château sont au quartier général du Général Lahoz ; la colonne du Général Lahoz se met en mouvement et dirige sa marche vers le pont du vieux-château ; le canon gronde, la mousqueterie est très vive ; le feu a duré toute la nuit.

Le quatre Floréal le Général Chabran arrive le matin. On reçoit une lettre de *MM. les* Provéditeur et Podesta de Véronne qui demandent une entrevue. Le Général Balland leur répond qu'il va se rendre à l'armée ; et que les Parlementaires n'auront qu'à s'y trouver ; on apprend par le Général Chabran que le vieux-château a fait hier une sortie, où il a pris un drapeau et des piéces de canon aux Véronnais, et s'est procuré des vivres pour quinze jours. A onze heures on entend plusieurs décharges d'artillerie et de mousqueterie au camp sous Véronne, on en apprend le motif par un courrier qui arrive à midi, il annonce que la paix est faite avec l'Empereur. Cette nouvelle est aussitôt proclamée dans les forts et reçue aux acclamations de *vive la République*. La joie est dans tous les cœurs et éclate sur tous les visages. Le Général Chabran part après avoir conféré avec le Général Balland.

A deux heures arrive un Parlementaire portant une lettre de MM. les Provéditeurs et Podesta. Ils demandent l'heure, le lieu et les formes de l'entrevue pour traiter de l'arrangement, et proposent en attendant de faire cesser les hostilités de part et d'autre. L'heure de l'entrevue est fixée à demain midi à la citadelle, les officiers généraux sont invités à s'y trouver, les ordres sont expédiés en même tems, pour que les hostilités cessent dans les forts et dans le camp; le reste de la journée s'est passé tranquillement; on n'a plus entendu de coups de feu.

Le cinq Floréal, on s'est apperçu au matin que des paysans sortent par la porte Vescovo; il sort et entre par la même porte des cavaliers, des voitures, et des chevaux; on croit qu'il entre des munitions; à dix heures arrive le Commandant de la place, Carrère; on fait passer trois moutons au vieux-château pour les malades.

A midi arrivent en parlementaire MM. le Comte Sanfermo, le Comte Emily provéditeur de la ville, et Gravita. Ils déposent leurs pouvoirs donnés par MM. les Provéditeurs extraordinaires, Giovanelli et Erizzo, et le Podesta Contarini, qui réservent leur ratification. Les Généraux Chevalier et Lahoz; les Adjudans généraux Landrieux et Deveaux étaient arrivés. Le Général Balland après en avoir conféré avec eux et le Chef de brigade Beaupoil, a remis aux Parlementaires la note des conditions préliminaires qui suivent, exigibles sous deux heures.

Conditions préliminaires.

1. Un Commissaire français accompagné d'un peloton de grenadiers armés escorté de troupes vénitiennes désarmées qui les précéderont, se transportera sur le champ, dans les lieux où il a laissé des Français. Tous les Français détenus ou non détenus en quelque lieu de la ville que ce soit, seront rendus à ce Commissaire.

2. Le Commissaire entrera par la porte St. Zeno, qui sera livrée à un bataillon français.

3. Toutes les pièces de canon seront livrées aux Français, et en attendant qu'elles puissent être livrées, elles seront culbutées.

Le Commissaire Français les visitera et en prendra l'état.

4. Seize ôtages monteront à la citadelle en qualité des prisonniers de guerre, parmi lesquels seront les Chefs de la Municipalité, le Comte Erizzo, Giovanelli, l'Evêque, les frères Miniscalchi, le Comte Emily, Maffei, Filisbeti, et les frères Carlotti.

5. S'il sort une seule voiture de Véronne, *un seul cheval*, *un seul* habitant, tout est rompu.

6. D'icy à ce soir toute la trouppe armée de *quelque genre que ce soit*, apportera ses armes dans la plaine vis-à-vis le camp de la croix blanche.

7. Le surplus des conditions pour la conservation de Véronne, séra dicté par le Général Kilmaine.

8. Le refus des conditions imposées sera indiquée par un coup de canon de la porte St. Zeno, à quatre heures précises.

Le Général Kilmaine arrive avec les Généraux Chabran et Beaurevoir.

Les Parlementaires sont de retour à quatre heures. Les Généraux Kilmaine et Balland confèrent avec eux, et arrêtent les conditions définitives de l'arrangement.

Dans *la* journée on a remarqué du feu sur la route de Vicenze, on a cru que c'était la division Victor ou Baraguey-d'Hilliers, qui arrivait; le Jardinier de l'Evêché est venu se plaindre que les volontaires avaient pris huit cents ducats qu'il avait cachés sous un arbre. On a fait des recherches, et la somme reclamée lui a été rendue. Le Général Kilmaine est retourné au camp, la tranquillité a régné toute la journée, seulement il a été tiré sur *le fort St. Pierre* une trentaine de coups de fusils, auxquels il n'a pas été riposté; trois des ôtages ont couché à la citadelle; en fouillant *le* vieux-château on y a découvert des munitions; un malheureux Brescian, qui y était enseveli dans les cachots depuis trois ans, a été rendu à la liberté.

Le six Floréal on apprend que MM. les Provéditeur et Gouverneur ont pris la fuite. Il se présente une députation du fauxbourg audessous de la citadelle, qui avoisine le pont Sainte-Pûtra, le fauxbourg a déposé les armes; la députation implore la clémence des Français. Le Général exige qu'on lui livre le scélérat qui a fait jetter par une fenêtre trois Français dans l'Adige. Des Cavaliers sont envoyés à la poursuite de MM. les Provéditeur et Gouverneur. Le Général Lahoz va s'etablir à St. Michel, une Municipalité provisoire est formée à Véronne. Elle traite avec le Général Kilmaine pour la reddition de la place, et écrit au Général Balland pour qu'il veuille bien maintenir les troupes à leurs postes pendant le cours des négociations. Le Général répond qu'il prendra les mesures les plus efficaces pour faire respecter les personnes et les propriétés, que les Véronnais peuvent se reposer avec confiance, sous la protection de la loyauté française, et qu'ils trouveront dans les Français des vainqueurs généreux qui ne veulent jamais confondre les innocents avec les coupables. Les Français détenus dans la ville sont rendus à la liberté. L'un d'eux, le Citoyen Latuolé, Capitaine à la 85me. 1/2 brigade de bataille, avait été envoyé par le Général Balland porter des dépêches au Général Kilmaine. Cet officier à son retour a été arrêté le vingt-neuf Germinal auprès de Castel-nuovo, par les paysans, puis désarmé, volé, dépouillé, et conduit à Véronne ; on lui a enlevé les dépêches dont il était porteur. Le Citoyen Robert, Lieutenant à la 69me. 1/2 brigade de bataille, chargé d'escorter avec 40 hommes, 210 prisonniers hongrais, a été arrêté perfidement le 29 Germinal à Caldiero. Il a été ainsi que l'escorte, désarmé et pillé ; les prisonniers hongrais ont été sollicités à prendre parti avec les Véronnais qui leur proposèrent quinze sols par jour de solde, outre la nourriture ; mais ils ont repoussé leurs offres, n'ont pas cherché à *profiter de la circonstance*, et ont témoigné de l'attachement aux Français, avec lesquels ils ont partagé le vin que les paysans leur apportaient. Sur les cinq heures le Général Balland est entré en ville à la tête d'une partie de la garnison, a fait occuper les portes et les postes, ensuite il s'est rendu à la Municipalité, où il a pris des mesures pour maintenir le bon ordre, et pourvoir aux premiers besoins des troupes et des hôpitaux ; une garde a été placée au mont de piété, on a reconnu que le pillage avait partout accompagné l'assassinat. Tous les Français qui avaient des effets en ville, les ont perdus, les hôpitaux n'ont pas été respectés comme on l'avait cru. Des malades ont été tués, et plusieurs ont été maltraités et volés. L'ordre et la tranquillité ont regné toute la nuit.

Le Général Kilmaine a donné les ordres ultérieurs pour assurer l'exécution de la capitulation dont il est convenu avec le Magistrat de la ville, et le Général Chabran a pris le commandement de la place.

Le soulévement de Véronne a été précédé de différents symptômes, consignés dans les lettres précédemment écrites au Général en Chef. Le 27 Germinal, jour de Pâque, *l'Evêque a dit en chaire, en s'appuyant de l'authorité de l'écriture sainte; qu'il était permis, et même méritoire de tuer les jacobins*, terme convenu dont on se sert pour désigner les Français et leurs amis; des prêtres armés ont paru à la tête des assassins. Une proclamation du Gouvernement vénitien avait autorisé et même invité les fidèles sujets du Prince, à prendre des armes précédemment défendues. Le même Gouvernement a rendu un décret honorable en faveur de certains nobles, connus par leur haine contre les Français. Ces nobles qui avaient été chassés de la ville, à raison de la conduite qu'ils avaient tenue aux époques où les Français et les Autrichiens se battaient sous les murs de Véronne, y sont rentrés en triomphe. Le Provéditeur et le Gouverneur de Véronne, quoiqu'instruits par eux-même, quoique prévenus par le Général Balland de ce qui se passait, ont affecté de tout ignorer, de ne pouvoir y croire, et n'ont cherché qu'à tromper et à endormir les Français. Aucun assassinat n'a été puni, aucun grief n'a été réparé. Il y avait de caché, dans la ville, des batteries volantes, qui ont été employées pendant l'action. Tout prouve et démontre jusqu'à l'évidence, que le projet de massacrer les Français avait été préparé depuis long-tems, et était général. Ce projet a été aussi constamment suivi que profondément combiné. Pendant tout le cours du siége, le vieux château a été attaqué avec le plus grand acharnement, la garnison s'est comportée de la manière la plus distinguée. Le Capitaine Carrère, Commandant de la place, qui était à la tête, lui a donné l'exemple, il a déployé le courage, les talents et les ressources d'un officier d'un mérite supérieur. Il mérite d'être promû au grade de Chef de bataillon ; c'est une justice que je réclame pour lui, avec confiance.

Le Général Divisionnaire
BALLAND.

RAPPORT du blocus du vieux-château, par les Véronnais.

Le vingt huit Gérminal, informé que les gardes-placées pour la défense et la police de la place, étaient insultées et menacées par les troupes vénitiennes et par les paysans armés, je donnai l'ordre aux troupes dispersées dans la ville, de se réunir à la place d'armes où je me rendis pour être a même de les porter partout où leur présence deviendrait nécessaire. *Une heure après mon* arrivée sur la place, le fort Félix donna le signal de la guerre, provoqué par les Vénitiens. J'assemblai la troupe sur le champ et me rendis à la tête au vieux-château, où j'avais l'ordre de me renfermer, au premier signal d'attaque.

Les maisons voisines de ce poste avaient déja fait feu sur les troupes qui l'occupaient, et le Chef de bataillon Martin de la treizieme 1/2 brigade avait été blessé, ainsi que plusieurs autres militaires.

Je disposai les troupes de maniere à parer à tout événement ; le Chef de brigade de la troisième de ligne montra de grandes connaissances militaires dans la distribution des postes. Son zèle et son activité ont beaucoup contribué à la déffense du château.

Les Vénitiens occupèrent de suite toutes les avenues du château et des maisons qui l'avoisinent, desquelles ils faisaient un feu d'enfer sur la garnison.

Le 27 au matin le feu fut des plus vifs et très meurtrier de part et d'autre ; vers les dix heures je fut informé que les Vénitiens avaient placé un obusier dans la rue du théâtre, contre le château. J'ordonnai sur le champ aux braves grenadiers de la 13me. et de la 58me. réunis de l'enlever à la bayonette. Cet ordre fut exécuté avec la plus grande bravoure, et l'obusier fut placé en batterie dans le château, dix minuttes après ; le Capitaine des grenadiers Gaubert de la treizième s'est particulièrement distingué dans cette sortie ; il a coupé son sabre sur un Esclavon qu'il a étendu sur l'obusier. J'ai changé le tronçon ensanglanté qu'il a rapporté avec un sabre, dont je lui ai fait présent au nom de la République.

Dans l'après-diner les révoltés s'approchèrent du château, profitant du moment où le feu avait cessé par ordre du Général Balland, vu que le Gouvernement voulait faire terminer la guerre, et lorsqu'ils furent sous les remparts, ils firent d'abord les démonstrations les plus amicales, et semblaient désirer la paix, mais bientôt après ils eurent la bêtise de sommer nos braves, de mettre bas les armes, et de leur rendre l'obusier enlevé; je me transportai sur le champ à la barrière où je trouvai un officier vénitien qui parlait de paix et d'amitié, je lui répondis que je voulais la paix aussi, et que si le peuple la voulait sincèrement il devait déposer les armes sur le champ, mais il s'y refusa et insista sur la restitution de l'obusier; alors je le fis mitrailler et fusiller de toutes parts, la rue resta couverte de morts et de blessés, ces lâches brigands abandonnèrent une piece de cinq dans la rue, que je fis rentrer par les grenadiers.

La matinée du 30 fut tranquille, les négociations ayant été entamées par le Gouvernement, avec le Général Balland, dans l'après midi un employé de l'armée sortit de son logement pour venir se joindre à la garnison; les brigands l'étendirent dans la rue malgré les promesses de ne plus faire feu jusqu'a nouvel ordre.

Le 1er Floréal, les brigands placèrent deux pieces de trois entre la tête du pont. Elles furent enlevées par le brave Capitaine Genevié de la treizième qui commandait le poste, et mises en batterie dans moins de dix minutes.

J'ordonnai plusieurs sorties pour l'approvisionnement de la garnison, elles lui procurèrent des comestibles en tout genre pour quinze jours.

Le deux Floréal le feu fut très-vif; la grosse artillerie placée par les Vénitiens obligea les grenadiers lombards à abandonner la tour de l'horloge. Un four fut construit ce jour là, en vingt heures de tems.

Les 3. 4. 5. et 6 Floréal le feu fut beaucoup moins vif; les Vénitiens manquèrent de poudre, de boulets, et il ne leur restait plus que de la mitraille, en fer coupé, et quelques obuses, que je leur renvoyais lorsqu'elles n'éclataient point. Enfin le 7, les batteries furent abandonnées, les brigands disparurent de toutes parts, et le château fut libre dans l'après midi.

J'ordonnai sur le champ au Commandant d'artillerie de faire rentrer les pieces placées par les Vénitiens contre le château, j'en joins l'état au rapport.

Les troupes de la garnison méritent le plus grand éloge, elles se sont battues avec une audace inouie. L'artillerie a multiplié ses ressources, elle avait quatre pieces approvisionnées, *elle en a mis quatorze en batterie dans moins de deux jours.*

Le feu a été meurtrier de part et d'autre, la garnison a eu 35 hommes tués et 69 blessés.

Véronne le 8 Floréal an. 5.

Le Commandant de *la* place
Signé AUG. CARRERE.

État de l'artillerie des Vénitiens rentrée au vieux-château.

2.	piéces de	33.
1.	— idem —	13.
1.	— id. —	7.
11.	— id. —	5.
4.	— id. —	3.
7.	— id. —	1.
3.	obusiers de	4. pouces.
4.	mortiers de	8.
4.	— id. —	6.
37.		

On vient de découvrir encore 15 milliers de poudre.

Citadelle de Véronne, le 29 Germinal l'an 5 de la République Française une et indivisible.

RAPPORT du Chef de brigade Beaupoil, Commandant la Citadelle de Véronne.

Au Général de division Balland, Commandant dans le Véronnais.

Général,

Je m'offris volontairement pour aller écouter les propositions du Gouvernement vénitien, et tâcher de rétablir la bonne harmonie, que des ennemis des deux nations étaient parvenus à rompre par un attentat horrible. Je ne me m'attendais guères, d'après les protestations répétées du Provéditeur et du Podesta de la démarche qu'ils venaient de faire, d'arborer le drapeau blanc et d'envoyer un Parlementaire, à la réception qu'on m'a faite. Je descendis par le château St. Pierre avec le Parlementaire vénitien, mais en entrant dans la ville, je trouvai un rassemblement de paysans qui me coucha plusieurs fois en joué, malgré les remontrances du

Parlementaire, je crus devoir remonter au fort; un quart-d'heure après je cédai au desir d'épargner l'effusion du sang humain, et me déterminai à descendre d'après les assurances de deux nobles vénitiens et d'un officier français qui me dit que les paysans avaient fraternisé avec lui, mais je ne tardai pas à voir que j'étais entre des mains perfides; j'arrivai cependant sain et sauf au palais du Provéditeur avec les Citoyens Majurier votre Aide-de-camp, Martini Chef de bataillon et Coste Lieutenant à la onzième demi brigade d'infanterie légère, là on leva le sabre sur nous, on nous arracha nos armes, et on vola le Chef de bataillon.

Le Provéditeur et le Podesta vinrent audevant de moi avec Mr. le Comte de Nogarola, tous me firent mille caresses, se félicitèrent de mon arrivée, me remercièrent de ma générosité, et m'assurèrent qu'ils me feraient un rempart des leurs corps; je me plaignis amèrement de la conduite tenue à notre égard, leur observant qu'un Parlementaire était sacré, même chez les nations les plus barbares. Ils cherchèrent à me rassurer sur leurs intentions, et à me persuader qu'ils ne trempaient en rien dans l'assassinat des Français. Je crus voir qu'ils cherchaient à gagner du tems, et soupçonnai leur bonne foi lorsqu'ils me demandèrent les conditions que j'apportais; je répondis qu'envoyé par vous, je venais savoir d'eux la réparation qu'ils offraient, et les conditions auxquelles ils pourraient vous engager à étouffer le ressentiment que vous causait l'assassinat des nos frères. Ils en proposèrent qui me choquèrent; je leur dis que mille morts ne me forceraient *pas à souffrir qu'on* portât atteinte au nom français. Pendant tout ce tems le peuple ameuté exprès, se portait sous les fenêtres du palais, a des accès de rage, que lui inspirait sans doute le regret d'avoir manqué son coup. *Je les* pressais de *conclure; à la fin*, le Secrétaire St. Foims écrivit la piece n. qui ne prit le caractère qu'elle a, qu'après une longue altercation. Je fis comme je le devais l'observation que cette piéce ainsi que ma signature n'étaient d'aucune valeur sans votre approbation, et cette clause y est insérée. Le desir de donner le tems à plusieurs de nos frères de se mettre en sûreté, et de laisser aux furieux celui de se calmer, me firent signer cette pièce. Je m'apperçus aux sollicitations que je faisais de venir vous la présenter, que ces Messieurs avaient grande envie de me retenir. J'insistai d'un ton si ferme, que quoique le Podesta m'assurât qu'il craignait beaucoup que je ne fusse assassiné en route, on m'accorda à la fin une escorte qui me reconduisit à nos avant-postes vers les deux heures après minuit.

Je ne dois point oublier de vous rendre compte, Général, que des Vénitiens pendant le long espace de tems que je restai au palais du Provéditeur, se succédèrent rapidement avec des rapports mensongers, tantôt il y avait une colonne française à la porte St. George, tantôt à la porte neuve; tantôt à celle de Peschiera ou St. Zeno. Ils me prièrent d'écrire aux Commandans de ces prétendues colonnes de laisser passer paisiblement pour s'en retourner chez eux, les paysans à qui ils assuraient en avoir donné l'ordre. J'écrivis au Commandant du vieux-château de cesser le feu, ignorant que ce feu, comme il est encore à présent était provoqué par celui des habitans, qui quoique leurs

Parlementaires fussent venus chez nous, et les nôtres chez eux, n'ont pas discontinué un seul instant de tirer.

Il n'y a nul doute, Général, que les Véronnais n'ayent voulu donner un second tôme aux vêpres siciliennes; les assassinats commis impunément depuis huit jours; tout autour de nous, sont une preuve certaine de l'intention des habitans; le Gouvernement n'a point cherché à empêcher le rassemblement des paysans qui entraient en foule en ville.

Les Français dispersés dans la ville, la plupart sans armes, ont été attaqués et assassinés dans tous les quartiers en même tems; j'ai cependant la satisfaction de vous assurer que plusieurs habitans, entr'autre Mr. le Général de Nogarola, en ont sauvé un grand nombre.

Le Chef de brigade
Signé = BEAUPOIL.

Certifié véritable par moi
Général Divisionnaire
BALLAND.

(E)

ARMÉE D'ITALIE.

Au Quartier-général de Milan le 19 Floréal an cinq de la République Française.

Le Général Divisionnaire KILMAINE Commandant en Chef la Lombardie et la Cavalerie de l'Armée.

Au Général en Chef de l'Armée d'Italie BONAPARTE.

Je vous ai fait, Général, un rapport particulier sur chaque événement à mesure qu'il avait lieu; mais comme quelques courriers ont été dévalisés et même assassinés par les Vénitiens, et que par conséquent quelques uns de mes rapports vous manquent, je vais vous faire un résumé de tout ce qui est arrivé de remarquable depuis que votre grand éloignement et la profonde perfidie du Gouvernement de Venise ont interrompu les communications.

Aussi-tôt que je fus informé qu'il avait éclaté beaucoup de mécontentement de la part des habitans de Bergame contre le Podesta Ottolini, et qu'ils se proposaient, disait-on, de secouer le joug de Venise, j'écrivis au Commandant de Bergame de ne se mêler en aucune manière des mouvemens qui pourraient y avoir lieu, à moins que ces mouvemens ne fussent dirigés contre la citadelle, ou les troupes françaises qu'il commandait. Je lui ordonnais en même tems de se tenir sur ses gardes, et de ne se laisser surprendre par aucunes insinuations de quelleque part qu'elles viennent. Les nouvelles extrêmement désastreuses qui se répandaient sur l'armée par les Agens de la République de Venise à Véronne, à Brescia, à Bergame et à Créma, m'obligeaient à être extraordinairement en garde contre tout ce qui venait de cette source.

Enfin les habitans de Bergame chassèrent leur Podesta Ottolini, tous les officiers et toutes les troupes vénitiennes : ils se déclarèrent libres, et envoyèrent une députation à Brescia pour engager les habitans à suivre leur exemple. Les Bressans pour le moins autant fatigués des attrocités qui se commettaient journellement par les ordres de leur Podesta Moncenigo, n'eurent pas de peine à se décider. Ils chasserent tous les Vénitiens et se réunirent aux Bergamasques. Ce serait ici le moment de donner une idée de la conduite d'Ottolini et de Moncenigo, tant vis-à-vis des Français que vis-à-vis des habitans de Bergamo et de Brescia; mais pour ne pas interrompre le rapport, je le renvoye à la fin. Peu de jours après l'affaire de Bergame, je reçus un rapport du Commandant de Lecco, qui me marquait qu'un nombre considérable de paysans des vallées du Bergamasque etait rassemblé en armes, qu'une partie s'etait portée sur Lecco dans le dessein d'y couper l'arbre de la liberté et d'y exterminer la garnison française. La bonne contenance que fit notre petit détachement et surtout deux piéces d'artillerie qui s'y trouvaient pour la défense de la tête du pont, firent avorter leur dessein. Ils tournerent leur rage contre les villages voisins, où ils firent un pillage horrible et assassinerent plusieures personnes, en criant par tout, *mort aux Français* et à leurs adherens. Le même jour où je reçus ce rapport, il me parvint une adresse des Sindics des vallées bergamasques, dans laquelle ils me disaient que les habitans s'étaient déterminés à prendre en masse les armes pour soumettre la ville de Bergame; ils m'engageaient à ne pas m'opposer à leur projet, en m'assurant qu'ils n'avaient aucun dessein *hostile contre les Français*. Leur conduite à Lecco démentait bien ces protestations, et je savais d'ailleurs qu'ils avaient à leur tête tous les sbires et les assassins aux gages d' Ottolini, dont plusieurs Français avaient déja été victimes. Il s'etait aussi joint à eux plusieurs Tyroliens, je leur répondis en consequence. (voyez ma lettre.) Monsieur Foscarini m'ecrivit en même tems sur le même sujet. La sûreté des derrieres de l'armée française a dicté mes réponses. (voyez à la fin du rapport.) Cependant tous ce paysans au nombre de vingt-cinq mille s'avançaient sur Bergame, en commettant toutes sortes d'excès et en massacrant tous les Français qui se rencontraient sur leur route. Les Bergamasques firent des préparatifs pour les recevoir, et quand ils furent arrivés près de la ville ils firent une sortie sur eux, en tuerent plusieurs et mirent les autres en fuite. Alors les paysans se retirerent à l'entrée des vallés pour attendre des renforts et revenir à la charge; c'est dans ce tems que les habitans de Salo, par la plus insigne trahison reçurent avec des acclamations de joie feinte dans la ville, et ensuite profiterent de leur sécurité pour massacrer les députés de Brescia qu'ils avoient invités à fraterniser avec eux; ils firent main basse sur le peu de Français qui s'y trovaient pour nos communications avec la division du Tyrol et pour garder nos magasins de la flotille; le Général divisionnaire Balland m'écrivit en même tems pour me témoigner ses inquiétudes sur la situation des Français dans Véronne, où les Vénitiens faisaient entrer un très-grand nombre de paysans armés et de soldats esclavons. Les Français n'osaient plus se trouver dans les rues sans être insultés et menacés; il était informé que le Général Serviez s'etait réplié de Trente sur Rivoly, que le Général Laudon marchait sur Véronne dont les habitans lui avaient envoyé une députation, que tous les paysans du Véronnais, du Vicentin, du Padouan et du Bassanais étaient en armes sous pretexte de remettre Bergame et Brescia dans le devoir; et qu'en attendant l'on désarmait les Français partout, on arrêtait les courriers, et toutes nos communications entre Véronne et Mantoue étaient interceptées. Les Vénitiens avaient même coupé les routes; vous étiez trop loin, et le mal trop pressant pour attendre votre réponse, en supposant que mon courrier pût parvenir jusqu'à vous. Je pris sur le champ le parti d'envoyer des troupes pour dissiper et désarmer les paysans, avec ordre de saisir les chefs pour me répondre des assassinats commis contre les Français.

L'Adjudant général Landrieux partit le premier avec un détachement de cinq cents hommes, il fit sommer les paysans de se disperser et de déposer les armes. Pour toute réponse ils tirerent sur l'officier, tuerent son cheval, et un des huit chasseurs qui l'accompagnaient, les autres sept chasseurs tomberent dessus à coups de sabre, en tuerent plusieurs, et mirent les autres en fuite. Le Chef de brigade Landrieux les poursuivit, s'empara de leur quartier-général, de quelques petites piéces de canon et de tous leurs papiers, parmi lesquels se trouve la fameuse proclamation de Battaglia et l'instruction pour cette proclamation qui ne devait être confiée qu'aux prêtres et aux sindics pour être par eux lue aux paysans. Je fis suivre Landrieux par le Général Lahoz avec huit cents hommes, et immédiatement après par l'Adjudant général Couthaud avec douze cents, je donnai l'ordre de rassembler tout ce qu'il y avait de disponible dans les dépôts, et de leur faire prendre la route de Véronne, d'où le Général Balland m'écrivait qu'il se trouvait dans une position très allarmante par l'approche du Général Laudon et le rassemblement de trois mille hommes de troupes vénitiennes, et vingt cinq mille hommes armés dans la place. Le Général Lahoz et le Chef de brigade Landrieux après avoir désarmé un nombre immense de paysans marcherent sur Salo qui fut abandonné à leur approche. Pendant qu'ils y étaient, un corps de quatre cents Esclavons et cent Cavaliers vénitiens marcherent sur Désinzano pour y attaquer environ cent cinquante Français qui gardaient nos magasins. Ils rencontrent en chemin le Chef-de brigade du génie Samson qui venait de faire sa tournée, accompagné de deux officiers et d'une ordonnance. Les Cavaliers vénitiens voulurent l'arrêter et le couchèrent en joue; il les chargea et passa à travers et entra dans Desinzano, où il n'eut que le tems de faire prendre les armes à notre détachement. Les Esclavons arriverent en tiraillant sur quelques soldats qu'on avait fait sortir à la hâte pour les reconnaitre. Notre Commandant les laissa s'engager, et quand ils furent à cent toises de la place il fit sur eux une sortie vigoureuse avec tout son monde, leur tua plusieurs hommes et les mit en déroute.

Pendant que ceci se passait, j'avais encore rassemblé douze cents hommes que je fis partir de Milan sous les ordres du Général Chabran, avec ordre de prendre le commandement du tout et de marcher à Véronne au secours du Général Balland qui avait été obligé de se renfermer dans la citadelle avec tous les Frsnçais qui avaient pu s'y retirer. Je partis moi même pour Mantoue afin d'en tirer de l'artillerie et quelques troupes. En y arrivant je trouvai toutes les communications interceptées avec Véronne, et les routes coupées, toutes les ordonnances du Général Miolis avaient été assassinées par les Vénitiens qui avaient des détachemens considérables à Valesio, à Villafranca, à Isola della Scala et à Nozara. Je me fis fournir quatre courriers italiens à qui je donnai l'ordre de se dire Vénitiens et de porter des ordres aux Généraux Balland, Victor, Baraguey-d'Hilliers et Chabran. Celui pour le Général Chabran fut le seul qui parvint de suite en prenant un détour par Désinzano. Je lui l'ordonnai de demander l'entrée de Véronne au provéditeur pour les troupes françaises, d'entrer de force, si on la lui refusait, de s'emparer des postes, de désarmer la ville et de tenir contre le Général Laudon jusqu'à l'arrivée des Généraux Victor et d' Hilliers avec leurs divisions. Il somma le provéditeur qui lui répondit à coups de canon et envoya un exprès au Général Laudon pour hâter sa marche. Le lendemain de son arrivée devant Véronne, le Général Chabran fut attaqué par douze cents

Esclavons venant de Valesio, soutenus par un grand nombre de paysans armés. Les Vénitiens firent en même tems sortir de la ville huit mille hommes, dont quinze cents de troupes, le reste, de paysans et bourgeois armés. Le Général Chabran fut attaqué de tous côtés avec fureur; mais il les mit en pleine déroute, prit tous leurs canons, en tua le quart et fit beaucoup de prisonniers. J'envoyai quatre cents hommes avec deux piéces de canon de Mantoue pour s'emparer de Valesio et désarmer les habitans et les paysans rassemblés. Je suivis avec ce que j'avais pu ramasser de cavalerie et une trentaine de vos guides qui venaient d'être montés. Je donnai l'ordre au Général Miolis d'envoyer de suite par la même route deux mortiers, deux obusiers de huit pouces, et deux piéces de siege avec les grilles, et les munitions; en passant par Vallesio je parlai aux habitans et au curé; ils me firent beaucoup de protestations d'amitié et m'assurerent que s'ils avaient pris les armes, ils y avaient été contraints par les troupes esclavones et par leur Chef Ferro. C'est ce même Chef qui a fait désarmer votre détachement à Vallesio, et qui leur a dit, après les avoir accablé d'injures, que l'heure des Français était sonnée, que l'Italie avait toujours été le tombeau des Français ; mais que cette fois-ci il n'en échapperait pas un seul. C'est encore ce même Ferro qui attaqua le Général Chabran à la maison blanche, pendant la sortie qu'on fit de la ville.

En arrivant au camp sous Véronne, j'appris que le Général Balland était en pour-parler avec des députés que lui avaient envoyés les provéditeurs Giovanelli et Erizzo; je me transportai sur le champ au château ; mais je trouvai les députés partis pour faire signer les articles préliminaires de la reddition de la ville par les Provéditeurs ; ils avaient promis de revenir à quatre heures, je le attendis ; à quatre heures ils revinrent et apporterent les signatures des Provéditeurs Giovanelli, Erizzo et du Podesta Contarini qui promettaient pour premier article de faire sortir de la ville tous les Français qui y étaient restés au nombre de 800 hommes, femmes et enfans : pour second article, les Provéditeurs devaient se rendre au camp avec seize des principaux habitans désignés, et y rester en ôtage jusqu'a çe que Contarini eut fait sortir les paysans et rendu les portes aux Français. Ils demanderent une continuation de la trève jusqu'au lendemain à six heures du matin pour tout exécuter. Je la leur accordai; j'y étais d'ailleurs porté pour sauver du massacre les Français qui n'avaient pas pu se retirer dans le château et dans le vieux fort.

Giovanelli, Erizzo et Contarini par une suite de la perfidie vénitienne fausserent leur parole et leurs signatures, et profitterent de la nuit et de la trève pour se sauver par la porte de Vicenze avec una partie de la cavalerie vénitienne. J'avais donné l'ordre au Général Galion avec huit cents hommes de se porter à St. Martin par un détour pour intercepter tout ce qui entrerait ou sortirait de Véronne par la porte de l'Evêque; mais il arriva trop tard pour arrêter les fuyards; je retournai au camp pour y attendre la sortie des Français et l'arrivée des ôtages; mais à quatre heures du matin arriva Mr. Verità habitant de Véronne qui me dit que les Provéditeurs les avaient trahis et avaient fui, que tout était en désordre dans la ville où personne ne commandait. Je le fis retourner sur le champ pour dire à la Municipalité, que si dans la journée l'on ne faisait pas sortir tous les Français détenus escortés par la garnison vénitienne qui mettrait bas les armes, je ferais réduire la ville en cendres. La menace eut son effet. Les paysans se sauverent, les Français furent rendus et la garnison vénitienne sortit et mit bas les armes. Nous entrâmes de suite ; la Municipalité donna une gratification considérable aux troupes pour se racheter du pillage, et j'imposai en outre une contribution qui répond à onze cents mille francs monnaie de France. Je fis désarmer tous les habitans et arrêter les assassins qui n'avaient pas pu fuir. Il y a eu d'abord quelque désordre ; un peu de pillage ; mais cela se reduit à peu de chose. L'ordre a été bientôt retabli, et la ville de Véronne pourra fournir en argenterie d'Eglises et en soye et argenterie du mont de piété à peu-près deux millions, outre la contribution d'onze cents mille livres. Il y a eu environ quatre cents Français assassinés dans la ville, les autres se sauverent au Gouvernement ou ils

F

se mirent sous la protection des Provéditeurs qui, quoiqu'ils ne prirent aucunes mesures pour empêcher les assassinats dans les rues et dans les maisons particulières, ne purent pas se refuser ouvertement de sauver ceux qui se jettaient entre leurs bras. Pendant deux jours après mon entrée on m'apportait à chaque moment des habits de nos volontaires percés de coups de poignards et tous en sang. Beaucoup ont été jettés à la riviere, à la vue même de nos troupes qui étaient dans le château, qui à cette vue a tonné sur la ville et y a mis le feu à plusieurs endroits. Il y a eu un grand nombre de Français assassinés entre Véronne et Vicenze. La moitié de notre petite garnison de Chiusa fut poignardée en se retirant. Le nombre de nos ordonnances assassinés par les paysans est très-considérable. Tous ces assassinats n'ont cessé qu'à la nouvelle de la paix avec l'Empereur. Alors ils ont changé de ton. De la rage la plus affreuse, les Vénitiens sont devenus les plus vils supplians; mais au milieu de toutes ces horreurs, il faut rendre justice à plusieurs officiers vénitiens qui au péril de leur vie ont sauvé beaucoup de Français. J'ai pris le nom de ces braves gens et je vous les recommande. Quelques habitans de Véronne se sont aussi distingués en sauvant des Français de la fureur des assassins dont la plupart étaient des sbirres et des esclavons; j'en excepte pourtant la cavalerie de cette nation qui a combattu, mais non assassiné. Deux habitans de Véronne, connus pour les ennemis les plus effrénés des Français, qui étaient à la tête de toutes les patrouilles des paysans et des esclavons ont sauvé des Français en les enfermant chez eux, en même tems qu'ils couraient les rues en excitant le massacre des autres; je ne commente par leurs intentions, mais elles sont assez claires.

Je joins ici une pastorale de l'Evêque de Véronne faite aux habitans après notre entrée, où en leur reprochant les horribles assassinats commis sur les Français, il leur recommande de témoigner par leur conduite future envers cette nation leur éternelle reconnoissance pour la générosité avec laquelle nous les avons traités au lieu de réduire leur coupable ville en cendre, et d'en exterminer les habitans.

Il y a eu pendant le siége de Véronne et la défense des châteaux des actions particulières dignes des plus justes éloges, entre autre celles du Citoyen qui passa l'Adige à la nage trois fois, pour ramener un batteau sur la rive droite à Pescentina. Ce ne fut qu'à la troisiemé tentative qu'il reussit au milieu d'une grêle des balles et de mitraille des troupes vénitiennes et des paysans qui défendaient le passage. Ce fut avec ce petit batteau que le *Général* de brigade Lahoz réussit à passer l'Adige avec moins de mille hommes à la vue de trois mille Vénitiens retranchés dans le village et sur le bord de la riviere. C'est aussi le Général Lahoz qui ensuite s'empara des hauteurs qui dominent le château où les Vénitiens étaient retranchés avec deux pieces de trente deux, dont il s'empara.

Le Chef de brigade Beaupoil commandant du château s'est conduit avec une intrépidité rare; il fut envoyé en parlementaire aux Provéditeurs pour réclamer les Français qui étaient restés dans la ville; il fut accueilli à coups de fusils par les paysans et les esclavons. Un officier vénitien fit cesser le feu et le conduisit au palais; mais cet officier ne put empêcher qu'on ne lui arrachât son sabre et qu'il ne fut extrêmement maltraité. Après avoir rempli sa mission les Provéditeurs voulurent le retenir en l'assurant qu'il serait assassiné à son retour; il leur dit „ Vous avez ordonné l'as-„ sassinat des Français, vous n'osez plus ré-„ tracter vos ordres, n'importe, j'acheverai „ ma mission, je retournerai à mon poste „ pour exterminer l'infame ville de Véronne. „ Si je suis assassiné, ma patrie me vengera.“ L'officier vénitien se chargea de le reconduire, et parvint non sans beaucoup de peine à le faire rentrer dans la citadelle.

Un officier nommé Camin fut envoyé en parlementaire avec douze hommes pour l'escortér; il parvint avec beaucoup de peine au palais des Provéditeurs; c'etait encore pour réclamer les Français. N'ayant pas pu reussir, il se préparait à s'en retourner, la foulle immense qui entourrait le palais demanda qu'on le leur livrât ou au moins qu'ils fut désarmé lui et son escorte. Le Provéditeur lui proposa de mettre bas les armes ou de rester au palais; le Citoyen

Cantin lui répondit que son devoir l'obligeait de retourner, qu'au surplus les Français quelque petit que fut leur nombre ne se laisseraient jamais désarmer, qu'on pouvait les assassiner. Il sortit avec son détachement l'arme haute et en imposa tellement aux assassins par sa contenance fière, qu'il parvint au château en traversant toute la ville, sans perdre un homme.

La défence du vieux château mérite les plus grands éloges. Le Commandant de la place, Carrère, se retira avec tout ce qu'il put sauver de la ville, au moment où les massacres commencerent : il n'avait que pour un jour de vivres ; mais par les sorties qu'il fit, il s'en procura pour quinze jours. Il enleva à la bayonnette consécutivement tous les canons que l'ennemi plaçait pour faire sauter la grille. Cela se monte à deux obusiers et trois piéces de cinq en différentes fois. Toutes les fois que l'ennemi se présentait, il faisait ouvrir la grille et allait à sa rencontre.

NOTA.

Les Podestas Ottolini et Moncenigo avaient un arrangement fait avec les voleurs et les assassins. Les voleurs donnaient la moitié des vols aux Podestas, un quart aux chefs des sbirres et gardaient l'autre quart. Les assassins faisaient leur marché d'avance et obtenaient le droit de tuer, en payant aux Podestas une somme proportionnée à la conséquence de la victime.

KILMAINE.

(F)

Liberté. Egalité.

COPIE du procés verbal dressé par le Consul de la République à Venise, à bord du Lougre de la République le Libérateur de l'Italie, ancré dans la rade du Lido.

L'an cinquième de la République Française une et indivisible, et le quatrième jour du mois de Floréal avant midi, nous Consul de la République Française à Venise, ayant été informé par la voix publique que les Commandans des forteresses et galères vénitiennes qui se trouvent à l'embouchure du port de Venise avoient commis des hostilités sur un navire de la République, à son entrée dans la rade du Lido, nous sommes transportés à bord du dit navire, présentement ancré dans la dite rade, en compagnie du Citoyen Luet Biscontin notre Chancelier et d'un Officier de la marine vénitienne, chargé de nous accompagner, pour prendre connaissance des circonstances de cet événement, par l'interrogation de l'équipage et des passagers du dit navire; et étant arrivés sur son bord, nous avons demandé à parler au Capitaine.

L'équipage nous ayant dit qu'il avoit été tué dans l'affaire dont il s'agit, nous avons interrogé le Citoyen Michel Alexis Gautier, Lieutenant du dit navire, que nous avons trouvé dans son lit, malade des blessurer qu'il avoit reçues dans la même affaire, et nous l'avons requis de dire et déclarer la vérité sur ce qui s'était passé avant et après l'entrée du dit navire dans le port de Venise. Il a dit et déclaré, toujours en présence du Citoyen Biscontin notre Chancelier et du susdit Officier vénitien, que le dit navire était un Longre de la République, appellé le Libérateur de l'Italie, armé à Ponte de Lago-scuro, de huit pieces de canon, trente huit hommes d'équipage, et ayant sur son bord quatre passagers français; qu'il était parti de Goro, le vingt huit Germinal, sous les commandement du Citoyen Jean Baptiste Laugier de Marseille, Enseigne de vaisseau, pour se joindre à Trieste à la flotille du Citoyen Sibille.

Que le trente du même mois se trouvant

à la pointe de Pisan en Istrie, ils apperçurent en mer une chaloupe que le Capitaine voulut reconnaître; qu'à cet effet il arma tout de suite la sienne pour se porter vers elle, dans l'intention de s'informer de ce qui se passait à Trieste; qu'étant à la portée du fusil, les Français reconnurent que c'était une chaloupe imperiale armée, qu'elle fit feu sur la nôtre, mais qu'ayant été protégée par notre bâtiment, les impériaux furent contraints de gagner la terre; que leur chaloupe tira un coup de canon pour appeller à son secours la flotille autrichienne dont elle fesait partie et qui se trouvait réunie dans le port de Pisan, que le navire français fit également les siens pour s'assurer si les Français étaient encore maîtres de Trieste; mais que la place n'ayant pas répondu, et craignant qu'elle ne fut occupée par l'ennemi, le Capitaine et l'équipage jugèrent convenable de se réfugier dans le port de Venise, pour se soustraire à la poursuite de la flotille autrichienne, et qu'à cet effet, ils prirent en mer un pilote vénitien qui les assura qu'ils pouvaient y entrer avec sécurité.

Qu'arrivés à l'embouchure du port, sur les six heures du soir, le vent étant au nord-est et le tems pluvieux, ils hissèrent pavillon et flamme français, et saluèrent de neuf coups de canon à poudre, le fort St. André et la galère qui se trouve ancrée dans la rade du Lido; que le Commandant de la dite galére leur expédia aussitôt une chaloupe avec ordre de mouiller à l'embouchure du port; que de suite ils amenèrent les voiles et jettèrent l'ancre.

Qu'un instant après, il arriva une seconde chaloupe qui leur ordonna impérieusement de sortir du port; que le Capitaine français observa à l'Officier qui la commandait, qu'il en étoit empêché par le vent contraire, qu'il lui demandait un ordre par écrit, et des barques pour le remorquer; qu'alors l'Officier lui dit qu'il était trop insolent, et qu'il eût à obéir sans résistance; que le Capitaine lui ayant observé qu'il croyait être chez une puissance amie, il se répandit, ainsi que ses soldats, en invectives contre lui et contre la nation française, et insista pour que le navire sortit sur le champ du port; que le Capitaine voyant beaucoup de soldats armés sur les remparts, du château et sur la galère, et craignant quelque événement fâcheux, avait levé l'ancre pour partir, et qu'il hissait les voiles au moment où le château tira sur lui un coup de canon à boulet.

Qu'à l'instant le dit Capitaine donna ordre d'armer les avirons; mais qu'au moment même le feu du château devint si terrible que l'équipage fut obligé d'abandonner la manœvre et de se jetter dans la cale; qu'alors le bâtiment fut entraîné sur le quai par le courrant des eaux, et qu'il jetta de nouveau l'ancre; que la fusillade continuant toujours accompagnée d'une grêle de pierres qu'on lançait sur le navire, le dit exposant qui se trouvait sur le pont, reçut trois coups de feu, l'un à l'epaule, l'autre aux reins et le troisieme à la cheville du pied droit; que le Capitaine demandait instamment avec le porte-voix qu'on cessât de tirer et qu'il allait partir; mais que, dans le même instant, il fut atteint à la tête d'une balle de fusil qui l'étendit mort sur la place; qu'alors la galiotte vénitienne *l'Anetta bella*, aborda le bâtiment français; que les soldats esclavons qui la montaient se jettèrent sur le bord le sabre à la main avec un Officier à leur tête; que le dit exposant se trouvant alors dans la cale avec la plus grande partie de l'équipage, on n'avait pas pu voir ce qui se passait sur le pont; mais que lorsqu'on était remonté, on avoit trouvé les membres dispersés d'un malheureux Français qu'on ne put pas reconnaitre; que deux autres Français qui étaient avec lui avaient disparu et qu'on n'en avait plus découvert *la* trace; que ces trois infortunés étaient les Citoyens Etienne Dhérau, natif de Draguignan, sergent major, Joseph Ercole, de Salerne, volontaire, et Joseph Burdin, fourier du département du Mont-blanc, tous passagers sur le dit navire.

Qu'après avoir commis toutes ces horreurs, la troupe esclavonne fit monter tous les Français sur le pont; qu'on leur enleva tous leurs effets et papiers, qu'on les dépouilla de tous leurs habits jusqu'à la chemise, et qu'on laissa la plus grande partie de l'équipage dans cet état, sur l'avant du navire, depuis huit heures du soir jusqu'à onze; que le dit exposant et cinq de ses camarades furent conduits garrotés sur la galiote où il fut pansé de ses blessures, ainsi que le nommé Radich, premier pilote, natif de Raguse, qui avoit été blessé de trois coup de feu, dans l'eau où il s'était jetté pour se sauver à la nage : qu'en tout, l'equipage avait eu quatre morts et cinq blessés, en supposant que les deux malheureux, dont on n'a plus eu des nouvelles, soient du nombre des morts, comme il est à présumer.

Le dit exposant ajoute que, depuis ce moment, les Français ont été traités avec humanité, qu'on a placé auprès d'eux un jeune Officier vénitien, chargé de pourvoir à tous leurs besoins, et qu'on leur a restitué quelques hardes.

Et lecture à lui faite de sa déclaration, il a persisté dans tout son contenu, et a signé avec nous Consul et notre Chancelier.

Signé à l'original = Gautier Lieutenant = Aillaud Consul = Luet Biscontin Chancelier.

Et à l'instant nous susdit Consul avons appellé le Citoyen Dhur, Capitaine au 3me bataillon de la 69me demi brigade d'infanterie de bataille, passager sur le dit lougre de la République, le *Libérateur d'Italie*, et l'ayant requis de dire la vérité sur l'événement énoncé dans la déclaration ci-dessus dont lecture lui a été faite, a dit et déclaré qu'en suite des ordres du Général divisionnaire Berthier, Chef de l'Etat-major-général de l'armée, il était parti du Mantouan où il était employé, à l'effet de se rendre à Trieste pour y recevoir de nouveaux ordres; qu'arrivé à la pointe de Goro, le Capitaine Laugier, Commandant le Lougre de la République, le *Libérateur de l'Italie*, lui offrit de le conduire sur son bâtiment jusqu'à sa destination, avec un Sergent-major et un domestique qu'il avait avec lui; qu'il accepta cet offre, et que le navire mit à la voile le vingt huit Germinal.

Que le vingt neuf à quatre heures après midi, ils apperçurent une chaloupe qui venait à eux à force de rames; que le Capitaine ordonna à la sienne d'aller la reconnaitre; mais qu'ayant jugé qu'elle était ennemie, la chaloupe française fut rappellée à bord; qu'alors les Autrichiens firent feu sur elle, jusqu'à ce que se trouvant sous la protection du Lougre, l'ennemi gagna la côte, en longeant vers Pirano; qu'alors il tira un coup de canon pour avertir la flotille autrichienne qui s'y trouvait mouillée.

Que le Capitaine ayant fait des signaux à la forteresse de Trieste, auxquels on n'avait pas répondu, jugea que l'ennemi y était, et se disposa, voyant qu'on lui donnait la chasse, à gagner le port de Venise; que le vent nord-est ayant soufflé toute la nuit, ils firent route, et qu'a la pointe du jour le Capitaine prit en mer un Pilote qui lui promit de le conduire dans ce port.

Qu'il arriva à l'embouchure de celui du Lido, le trente Germinal une heure avant la nuit, et qu'il salua de neuf coups de canon à poudre, le château et la galère qui s'y trouve mouillée.

Le dit exposant déclare sur son honneur, que le Capitaine avait fait ôter les boulets, et qu'il recommanda au maître cannonier de n'en oublier aucun, de crainte d'être compromis.

Qu'arrivés à l'embouchure du port, une chaloupe vénitienne, montée par un Officier vint parler au Capitaine; que le Capitaine dit à l'Officier qu'il faisait trop mauvais tems pour aller au large, qu'il sortirait le lendemain, et que l'Officier l'ayant accusé d'avoir trop *de superbe*, le Capitaine lui dit enfin que s'il voulait qu'il se retirât, il demandait un ordre par écrit et deux chaloupes pour se remorquer; que le même Capitaine proféra quelques autre paroles que l'exposant n'entendit pas.

Que le Maître d'équipage donna alors un coup de sifflet, et que tout l'équipage travaillait à serper l'ancre et à obéir aux ordres du gouvernement vénitien, lorsque le feu commença et augmenta d'une telle force que n'étant plus possible de manœuvrer, tout le monde rentra dans la cale; qu'il rentra lui même dans la chambre du Capitaine; que le feu du canon redoublait alors, et que dans cet état de choses le Capitaine prit la résolution de paraître; qu'il prit le porte-voix, monta deux marches de l'échelle et qu'étant à l'écoutille il cria à plusieurs reprises et en italien, *ne tirez plus*, *nous allons nous retirer*; que soit que le bruit de la mousqueterie couvrit sa voix, ou qu'on ne voulut pas l'entendre, le feu continua toujours accompagné d'une grêle de pierres ; qu'au même instant un coup de feu atteignit le Capitaine à la tête, et qu'il tomba mort aux pieds du dit exposant, en présence du Citoyen Jean François Maurin faisant fonction de commissaire ; qu'au même instant le Lieutenant rentra blessé de trois coups de feu ; la mort du Capitaine, ses propres blessures et surtout l'affront inoui que le pavillon français venait de recevoir le jettèrent dans le désespoir ; qu' il sauta sur un pistolet pour se brûler la cervelle ; que lui, exposant, le lui arracha deux fois des mains, en lui observant qu'il avait le commandement du bâtiment et qu'il se devait à son équipage.

Qu'au même instant, une galiotte les aborda et que le pont fut couvert de soldats furieux; que le dit exposant passa au milieu d'eux pour se joindre au reste de l'équipage; que plusieurs coups de sabre furent lancés sur lui ; qu'il se précipita dans la cale, où il trouva plusieurs soldats et matelots qui attendaient la mort ; que plusieurs d'entre eux la demandaient ; que les Esclavons ne respiraient que meurtre et que pillage ; que les cris horribles qu'on entendait sur le pont annonçaient que leurs infortunés camarades étaient massacrés ; que le dit exposant et ses malheureux compagnons restèrent au moins une heure dans ce cruel état ; qu'on les fit ensuite monter.

Que deux Esclavons placés sur la cuisine lui coupèrent sa chemise, lui arrachèrent ses boucles d'oreille, lui prirent sa montre, une partie de son argent, et que l'un d'eux allait lui couper le doigt pour avoir sa bague, mais qu'il eut le bonheur de la tirer lui même, en se mouillant le doigt avec de la salive.

Que parvenu sur le pont, quatre autres furieux le garrotèrent en présence d'un militaire en habit rouge, ayant des galons d'or, et qu'il reconnût pour être officier ; que le dit exposant était en uniforme ; qu'il peignit à l'officier le danger où il se trouvait ainsi que l'équipage ; qu'il lui observa qu'il était officier français, et que croyant parler à un homme d'honneur, il comptait sur sa loyauté ; que l'officier vénitien ne lui répondit que par des injures, et qu'il encouragea, par ce procédé atroce, ses soldats à redoubler leurs outrages; qu'alors ses épaulettes lui furent arrachées et son porte feuille pris, le tout en la présence de l'officier.

Qu'on le poussa ensuite sur ses malheureux compagnons d'infortune, tous nuds et entourés d'assassins; que comme le dit exposant était encore habillé, un soldat esclavon lui délia les mains, lui ôta ses vêtemens, ses bottes, et le laissa avec un pantalon; que peu après il commença à pleuvoir; que le dit exposant et ses compagnons demandèrent à une garde qui les entourait, de les couvrir d'une voile; mais qu'on ne leur répondit que par des coups de sabre et des coups de pied; qu'à onze heures on les descendit dans la cale, et que ce fut alors seulement que les mauvais traitemens commencèrent à se rallentir.

Le dit exposant ajoute, qu'il est difficile de sentir et impossible d'exprimer les excès coupables auxquels se sont livrés ceux qui ont abordé le bâtiment, et les maux qu'a soufferts l'équipage, le soir de cette malheureuse affaire.

Il déclare de plus qu'à compter du lendemain de cet événement, ils ont été traités avec toute l'humanité possible; que les blessés ont été pansés avec soin, et que tous les officiers et autres qui sont venus à bord ont fait à l'équipage les offres les plus honnêtes.

Et lecture à lui faire de sa déclaration, il a persisté dans tout son contenu et a signé avec nous et notre Chancelier.

Signé à l'original = Dhur Capitaine = Aillaud Consul = Luet Bisçontin Chancelier.

Et le lendemain cinq Floréal an cinquième, nous susdit Consul de la République Française à Venise, avons fait appeller tous les Citoyens composant l'état-major et l'équipage du Lougre de la République, le Libérateur d'Italie, ainsi que les passagers, lesquels, après lecture à eux faite, à haute et intelligible voix, des deux déclarations ci-dessus, et injonction de dire la vérité, ont dit et déclaré qu'elles étoient vraies et exactes dans tous les points, et qu'ils n'avaient rien à y ajouter ni diminuer, et ils ont signé avec nous et notre Chancelier.

Le Citoyens qui ont déclaré ne savoir

signer ont fait une croix leur marque ordinaire.

Signé à l'original = Radich premier pilote = Maurin fesant fonctions de commissaire = Pigeon aspirant = Lacanal sergent = Neuville canonier = Canton matelot = Joseph Deldine matelot canonier = Antoine Lebœuf = Moulin matelot = Pierre Maganty volontaire = Leblond novice = Gallon matelot = François Baudain matelot = Honoré Delui matelot = Jean Fernandez volontaire = François Ouet volontaire = Marco Valerio pilote, ne sachant écrire a fait une croix ✠ = Joseph Ardoin chasseur, ne sachant écrire a fait une croix ✠ = Joseph Filin maître canonier, ne sachant écrire a fait une croix ✠ = Jacques Jean maître d'équipage, ne sachant écrire a fait une ✠ = Aillaud Consul = Luet Biscontin Chancelier.

Pour copie conforme
Le Consul de la République Française
à Venise = AILLAUD.

ARMÉE D'ITALIE.

République Française.

Au Quartier-général de Palma Nova le 14 Floréal, cinquième année de la République, u. et i.

BONAPARTE
Général en Chef de l'Armée d'Italie.

MANIFESTE.

Pendant que l'armée française est engagée dans les gorges de la Styrie et a laissé loin dérriere elle l'Italie, et les principaux établissemens de l'armée où il ne reste qu'un petit nombre de bataillons, voici la conduite que tient le Gouvernement de Venise.

1. Il profite de la semaine sainte pour armer quarante mille paysans, y joint dix regimens d'Esclavons, les organise en différens corps d'armée et les porte aux différents points, pour intercepter toute espece de communication entre l'armée et ses derrieres.

2. Des Commissaires extraordinaires, des fusils, des munitions de toute espece, une grande quantité de canons sortent de Venise même pour achever l'organisation des différens corps d'armée.

3. L'on fait arrêter en Terre-ferme tous ceux qui nous ont accueilli. L'on comble de bienfaits et de toute la confiance du Gouvernement tous ceux à qui on connoit une haine furibonde contre le nom français et specialement les quatorze conspirateurs de Véronne que le provéditeur Prioli avait fait arrêter il y a trois mois comme ayant médité l'égorgement des Français.

4. Sur les places, dans les cafés et autres lieux publics de Venise, l'on insulte et accable de mauvais traitemens tous les Français, les dénomant du nom injurieux de jacobins, régicides, Athées. Les Français doivent sortir de Venise et peu à près il leur est même défendu d'y entrer.

5. L'on ordonne au peuple de Padoue, Vicenze, Véronne de courir aux armes, de seconder les differents corps d'armée et de commencer enfin ces nouvelles vêpres siciliennes : il appartenoit au lyon de St. Marc,

disent les officiers vénitiens, de vérifier le proverbe : que l'Italie est le tombeau des Français.

6. Les prêtres en chaire prêchent la croisade, et les prêtres dans l'état de Venise ne disent jamais que ce que veut le Gouvernement. Des pamphlets, des proclamations perfides, des lettres anonimes sont imprimés dans les différentes villes, et commencent à faire fermenter toutes les têtes : et dans un état où la liberté de la presse n'est pas permise, dans un Gouvernement aussi craint, que secrettement abhorré, les imprimeurs n'impriment, les autheurs ne composent que ce que veut le Sénat.

7. Tout sourit d'abord au projet perfide du Gouvernement. Le sang français coule de toutes parts. Sur toutes les routes on intercepte nos convois, nos courriers et tout ce qui tient à l'armée.

8. À Padoue, un Chef de bataillon et deux autres Français sont assassinés. À Castiglione di Mori, nos soldats sont désarmés et assassinés. Sur toutes les grandes routes de Mantoue à Legnago, de Cassano à Véronne, nous avons plus de deux cents hommes assassinés.

9. Deux bataillons français veulent rejoindre l'armée rencontrent à Chiari une division de l'armée vénitienne qui veut s'opposer à leur passage. Un combat opiniatre d'abord s'engage et nos braves soldats se font passage en mettant en deroute ces perfides ennemis.

10. À Valesio il y a un autre combat. À Désinzano il faut encore se battre, les Français, sont partout peu nombreux ; mais ils savent bien qu'on ne compte pas le nombre des bataillons ennemis, lorsqu'ils ne sont composés que des assassins.

11. La seconde fête de pâques, au son de la cloche, tous les Français sont assassinés dans Véronne ; l'on ne respecte ni malades dans les hôpitaux, ni ceux qui en convalescence se promenent dans les rues, et qui sont jettés dans l'Adige où ils meurent percés de mille coups de stiléts : plus de quatre cents Français sont assassinés.

12. Pendant huit jours l'armée vénitienne assiege les trois château de Véronne. Les canons qu'ils mettent en batterie leur sont enlevés à la bayounette. Le feu est mis dans la ville, et la colonne mobile qui ar-

rive sur cette entrefaite met ces lâches dans une deroute complette en faisant 3,000 hommes des troupes ennemies prisonniers parmi lesquels plusieurs Généraux Vénitiens.

13. La maison du Consul Français de Zante est brulée dans la Dalmatie.

14. Un vaisseau de guerre vénitien prend sous sa protection un convoi autrichien et tire plusieurs boulets contre la corvette la Brune.

15. Le Libérateur d'Italie, batiment de la République, ne portant que 3 à 4 petites pieces de canon, et n'ayant que 40 hommes d'équipages, est coulé à fond dans le port même de Venise, et par les ordres du Sénat. Le jeune et intéressant Laugier, Lieutenant de vaisseau commandant le dit batiment, dès qu'il se voit attaqué par le feu du fort et de la galère amirale, n'etant éloigné de l'un et de l'autre que d'une portée de pistolet, ordonne à son équipage de se mettre à fond de cale : lui seul il monte sur le tillac au milieu d'une grêle de mitraille, et cherche par ses discours à desarmer le fureur de ces assassins : mais il tombe roide mort. Son équipage se jette à la nâge, et est

poursuivi par six chaloupes montées par des troupes soldés par la République de Venise, qui tuent á coups de hâche plusieurs qui cherchent leur salut dans la hautemer. Un Contremaître, blessé de plusieurs coups, affoibli, faisant sang de tous côtés, a le bonheur de prendre terre à un morceau de bois touchant au château du port : mais le Commandant lui même lui coupe le poignet d'un coup de hâche.

Vu le grief ci-dessus et autorisé par le titre 12 article 328 de la Constitution de la République, et vu l'urgence des circonstances ;

Le Général en Chef requiert le Ministre de France près la République de Venise de sortir de la dite ville : ordonne aux différents Agens de la République de Venise, dans la Lombardie et dans la Terre ferme Vénitienne de l'évacuer sous 24 heures. Ordonne aux différens Généraux de division de traiter en ennemi les troupes de la République de Venise, de faire abattre dans toutes les villes de la Terre-ferme le lyon de St. Marc. Chacun recevra à l'ordre du jour de demain une instruction particuliere pour les opérations militaires ulterieures.

Signé BONAPARTE.

Pour copie conforme
Le Général de Division
Chef de l'Etat Major Général
ALEX. BERTHIER.

www.ingramcontent.com/pod-product-compliance
Lightning Source LLC
LaVergne TN
LVHW020344230826
846091LV00003B/979

* 9 7 8 2 0 1 3 6 2 4 9 5 4 *